A interiorização da metrópole e outros estudos

A interiorização da metrópole e outros estudos

Maria Odila Leite da Silva Dias

São Paulo, 2005

alameda

Edição: Joana Monteleone

Capa: Clarissa Boraschi Maria

Copydesk: Carlos Villarruel

Revisão: Nelson Luís Barbosa

Projeto gráfico e diagramação: Estela Mleetchol

Dados Internacionais de Catalogação na Publicação (CIP)
(Câmara Brasileira do Livro, SP, Brasil)

Dias, Maria Odila Leite da Silva
A interiorização da metrópole e outros estudos / Maria Odila Leite da Silva Dias. – São Paulo : Alameda, 2005.

Bibliografia.
ISBN: 85-98325-08-02

1. Brasil – História – Historiografia 2. História – Pesquisa
I. Título

05–0068 CDD–981.0072

Índices para catálogo sistemático:
1. Brasil : Historiografia – 981.0072

[2005]

ALAMEDA CASA EDITORIAL
Rua Tucuna, 194, cj. 31 – Perdizes
CEP 05021-010 – São Paulo – SP
Tel. (11) 3862-0850
www.alamedaeditorial.com.br

Índice

A interiorização da metrópole*

Ao tentar uma apreciação sumária do estágio atual da historiografia brasileira sobre a "independência", desejamos relembrar e enfatizar certas balizas já bem fundamentadas por nossos historiadores e que dizem respeito a certos traços específicos e peculiares do processo histórico brasileiro da primeira metade do século XIX, o principal dos quais é a continuidade do processo de transição da colônia para o Império. Ressalte-se em seguida o fato de a "independência", isto é, o processo da separação política da metrópole (1822), não ter coincidido com o da consolidação da unidade nacional (1840-1850),[1] nem ter sido marcada por um movimento propriamente nacionalista ou revolucionário, e nos confrontamos com a conveniência de *desvincular o estudo do processo de formação da nacionalidade brasileira no correr das primeiras décadas do século XIX da imagem tradicional da colônia em luta contra a metrópole.* No estágio dos estudos em que nos encontramos, seria esta, sem dúvida, uma atitude sábia e profícua a desvendar novos horizontes de pesquisa[2] – o que

---

* Este texto foi publicado pela primeira vez como um capítulo do livro *1822 – Dimensões* organizado por Carlos Guilherme Mota (São Paulo, Perspectiva, 1972).

1 Monteiro, Tobias. *História do Império (A elaboração da Independência)*. Rio de Janeiro: F. Briguiet & Cia., 1927. p.403-5 e 846-7.

2 Caio Prado Júnior procurou demonstrar o fato de a Independência em si não constituir objetivo de estudo para o historiador, sendo antes resultado de "um consenso ocasional de forças que estão longe, todas elas de tenderem cada qual só

evidentemente não implicaria excluir o processo brasileiro do contexto maior dos muitos paralelismos históricos de sociedades coloniais em busca de uma identidade própria.

As diretrizes fundamentais da atual historiografia da emancipação política do Brasil foram lançadas na obra de Caio Prado Júnior, *Formação do Brasil contemporâneo* (1944), em que o autor estuda a finalidade mercantil da colonização portuguesa, a sua organização meramente produtora e fiscal, os fatores geográficos de dispersão e fragmentação do poder e a conseqüente falta de nexo moral que caracteriza o tipo de sociedade existente no final do século XVIII e início do XIX; contradições e conflitos sociais internos sem condições de gerar forças autônomas capazes de criar uma consciência nacional e um desenvolvimento revolucionário apto a reorganizar a sociedade e a constituí-la em nação.[3] O mesmo autor, num pequeno ensaio, "Tamoio e a política dos Andradas",[4] analisa as graves e profundas tensões sociais que vieram à tona quando a revolução liberal do Porto fez difundir na colônia as aspirações de liberalismo constitucional, suscitando desordens e um sentimento generalizado de insegurança social e acarretando de imediato a reação conservadora, característica principal dos

---

por si para aquele fim..." (Prado Júnior, Caio. *Formação do Brasil contemporâneo*. São Paulo: Brasiliense, 1957. p.156).

3 "Pela própria natureza de uma tal estrutura, não poderíamos ser outra coisa mais que o que fôramos até então: uma feitoria da Europa, um simples fornecedor de produtos tropicais para seu comércio. A sociedade colonial era incapaz de fornecer a base, os fundamentos para constituir-se em nacionalidade orgânica. Não tinha com que satisfazer as necessidades internas e coerentes de uma população que não existia como fim em si mesma, sendo apenas um mecanismo, uma parte de uma vasta organização produtora destinada a atender as demandas do comércio europeu" (Prado Júnior, Caio, op. cit., 1957, p.120-1).

4 Prado Júnior, Caio. *Evolução política do Brasil e outros estudos*. São Paulo: Brasiliense, 1963. p.187ss.

acontecimentos que então se desenrolam no Brasil. Para os homens de ideais constitucionalistas, parecia imprescindível continuar unidos a Portugal, pois viam na monarquia dual os laços que os prendiam à civilização européia, fonte de seus valores cosmopolitas de renovação e progresso. A separação, provocada pelas cortes revolucionárias de Lisboa, principiou a conotação reacionária de contra-revolução e a marca do partido absolutista.[5]

A continuidade da transição no plano das instituições e da estrutura social e econômica também foi considerada por Sérgio Buarque de Holanda em seu estudo sobre "A herança colonial – sua desagregação", em que analisa as transações e os compromissos com a estrutura colonial na formação do Império americano.[6] Algumas diretrizes indicadas por Caio Prado Júnior foram elaboradas por Emília Viotti da Costa em seu trabalho "Introdução ao estudo da emancipação política", no qual a autora também analisa as contradições da política liberal de D. João e a pressão dos comerciantes portugueses prejudicados com a abertura dos portos e a concorrência inglesa forçando o monarca a adotar medidas protecionistas e mercantilistas destinadas a proteger seus interesses.[7] Atribuem-se os germes da separação ao conflito de interesses entre as classes agrárias, nativistas de ten-

5 Monteiro, Tobias, op. cit., 1927, p.408 e 411.

6 Holanda, Sérgio Buarque de. A herança colonial – sua desagregação. In: Holanda, Sérgio Buarque de. (Org.) *História da civilização brasileira*. São Paulo: Difel, 1962. t.II, v.I, p.9.

7 Costa, Emília Viotti da. Introdução ao estudo da emancipação política. In: Mota, Carlos Guilherme. (Org.) *O Brasil em perspectiva*. São Paulo: Difel, 1968. p. 73 ss. A mesma autora, em outros trabalhos, aprofundou o estudo do papel desempenhado por José Bonifácio, analisando as contradições de sua mentalidade de ilustrado europeu e americano e o choque da visão de estadistas com a realidade concreta e objetiva de sua terra (cf. Costa, Emília Viotti da. Mito e histórias. In: *Anais do Museu Paulista*, São Paulo, v.XXI, 1967, p.286).

dência liberal e os comerciantes portugueses apegados à política protecionista e aos privilégios de monopólio.

O problema inerente ao amadurecimento do capitalismo industrial na Inglaterra é de âmbito amplo e define o quadro geral das transformações do mundo ocidental nesse período. A luta entre os interesses mercantilistas e o liberalismo econômico se processaria de forma intensiva na Inglaterra de 1815 a 1846, afetando drasticamente a política de todos os países coloniais diretamente relacionados com a expansão do Império britânico do comércio livre. Não atingiu nenhuma área tão diretamente como as Antilhas, e o tema foi magistralmente estudado por Eric Williams em seu livro *Capitalism and Slavery* (Londres, 1946). Foi o pretexto para a fundação de um novo Império português no Brasil; teve evidentes reflexos na política econômica e no processo de separação de Portugal. A historiografia da época já definiu bem as pressões externas e o quadro internacional de que provêm as grandes forças de transformações. Resta estudar o modo como afeta as classes dominantes da colônia e os mecanismos internos inerentes ao processo de formação da nacionalidade brasileira. Ao perder o papel de intermediários do comércio do Brasil, restava aos comerciantes portugueses unir-se às grandes famílias rurais e aos interesses da produção. Estes nem sempre estavam separados das atividades de comércio e transporte, como se constata no caso do Barão de Iguape em São Paulo.[8] A pressão inglesa pela abolição do tráfico tenderia, a seu turno, a levantar a hostilidade dos interesses agrários contra o poder cen-

8 Petrone, Maria Thereza Schorer. Um comerciante do ciclo do açúcar paulista: Antônio da S. Prado (1817-1829). *Revista de História*, v.XXXVI, n.73, 1968, p.161; v.XXXVII, n.76, 1968, p.315; e v.XXXIX, n.79, 1969, p.121.

tral. Associar esquematicamente os interesses das classes agrárias brasileiras com as do imperialismo inglês seria, pois, simplificar um quadro por demais complexo.

Apesar de estarem bem definidas suas diretrizes fundamentais, nossa historiografia, ao descortinar o processo *sui generis* de transição do Brasil colonial para o Império, ainda não se descartou completamente de certos vícios de interpretação provocados por enfoques europeizantes, que distorcem o processo brasileiro entre os quais avulta o da imagem de Rousseau do colono quebrando os grilhões do jugo da metrópole; ou da identificação com o liberalismo e o nacionalismo próprios da grande revolução burguesa na Europa. Emília Viotti opõe ressalvas a esses conceitos, mas as contradições ainda estão para ser explicitadas.[9]

Durante muito tempo, ressentiu-se o estudo da nossa emancipação política do erro advindo da suposta consciência nacional a que muitos procuravam atribuir. O modelo da independência dos Estados Unidos fascinava os contemporâneos e continua de certa forma a iludir a perspectiva dos historiadores atuais. Sérgio Buarque de Holanda refere-se mais objetivamente às lutas da "independência" como uma guerra civil entre portugueses desencadeada aqui pela Revolução do Porto,[10] e não por um processo autônomo de arregimentação dos nativos visando a reivindicações comuns contra a metrópole. O fato da separação do reino em 1822 não teria tanta importância na evolução da colônia para Império. Já era fato consumado desde 1808 com a vinda da Corte e a abertura dos portos e por motivos alheios à vontade da colônia ou da metrópole.

---

9 Costa, Emília Viotti da, op. cit., 1968.

10 Holanda, Sérgio Buarque de, op. cit., 1962, p.13.

A preocupação, evidentemente justificada, de nossos historiadores em integrar o processo de emancipação política com as pressões do cenário internacional envolve, no entanto, alguns inconvenientes ao vincular demais os acontecimentos da época a um plano muito geral; contribuiu decisivamente para o apego à imagem da colônia em luta contra a metrópole, deixando em esquecimento o processo interno de ajustamento às mesmas pressões, que é o de *enraizamento de interesses portugueses* e sobretudo *o processo de interiorização da metrópole no centro-sul da colônia.* O fato é que a consumação formal da separação política foi provocada pelas dissidências internas de Portugal, expressas no programa dos revolucionários liberais do Porto e não afetaria o processo brasileiro já desencadeado com a vinda da Corte em 1808.

A vinda da Corte para o Brasil e a opção de fundar um novo Império nos trópicos já significaram por si uma ruptura interna nos setores políticos do velho reino. Os conflitos advindos das cisões e do partidarismo interno do reino desde a Revolução Francesa iriam se acentuando com o patentear das divergências entre portugueses do reino e portugueses da nova Corte. Com o tempo a dissidência doméstica tenderia a intensificar-se.[11] O importante é integrá-la como tal no jogo de fatores e pressões da época sem confundi-la com uma luta brasileira nativista da colônia *in*

11 "O cônsul austríaco na Corte do Rio de Janeiro dá testemunho sugestivo a respeito da disposição do Conde da Barca, ministro de D. João VI a este respeito em 1811. Mostrando-lhe certa vez a inconveniência de menosprezar Portugal, donde poderia resultar a sua separação, ouviu o cônsul em resposta achar-se o governo preparado para essa eventualidade, que aliás não o assustava, pois *de bom grado renunciaria a Europa e tornar-se-ia americano...*" (Monteiro, Tobias, op. cit., 1927, p.222). Ver também Oliveira Lima, Manuel de. *D. João VI no Brasil.* Rio de Janeiro: José Olympio, 1945. v.II, p.1020.

abstrato contra a metrópole, o que nos levaria de volta à distorção dos mitos. A história da emancipação política do Brasil tem a ver, no que se refere estritamente à separação política da Mãe Pátria, com os conflitos internos e domésticos do reino, provocados pelo impacto da Revolução Francesa, tendo mesmo ficado associado à luta civil que se trava então entre as novas tendências liberais e a resistência de uma estrutura arcaica e feudal contra as inovações que a nova Corte do Rio tentaria impor ao reino.

Os sacrifícios e as aflições da invasão francesa, a repressão violenta de qualquer mudança alimentada pelo clima da própria guerra contra Napoleão, o temor das agitações jacobinas contribuíram, pois, para despertar ciúmes e tensões entre portugueses do reino e portugueses da nova Corte. Em Portugal, a devastação e a miséria da guerra, agravada pela pressão da antiga nobreza, foram ainda mais acentuadas pelo tratado de 1810 que não só retirava qualquer esperança de reviver o antigo comércio intermediário de produtos coloniais exercido pelos comerciantes dos portos portugueses, como também prejudicava o processo incipiente de industrialização defendido por homens como Acúrcio das Neves e por "brasileiros" como Hipólito da Costa.[12] À fome generalizada, à carência de gêneros alimentícios, à desorganização da produção de vinho e azeite, somava-se a paralisação dos portos, de início fechados por Junot e depois desvitalizados e sem movimento por causa desse tratado de 1810. Para Pereira da Silva, que escreveu sobre esse período, não eram

12 Ver artigo de Hipólito da Costa sobre a industrialização de Portugal no *Correio Braziliense* de junho e agosto de 1816; Macedo, Jorge Borges de. *Problemas de história da indústria portuguesa no século XVIII*. Lisboa: Querco, 1963; Serrão, Joel. A indústria portuense em 1830. *Bulletin d'Etudes historiques*, Lisboa, 1953.

menores os males de Portugal que os da Espanha, a que se refere sugestivamente como "mais um cadáver que uma nação viva".[13] Ante a miséria desse período de crise e de extrema decadência, confrontava-se o reino com a relativa prosperidade e otimismo de perspectivas que se abriam então para o Brasil.

Dom Rodrigo de Souza Coutinho tinha o novo Império do Brasil como a tábua de salvação do reino; acreditava poder reequilibrar a vida econômica de Portugal por meio de uma política econômica puramente comercial e financeira. Revitalizada a circulação da moeda e com bons rendimentos alfandegários, o reino teria condições de se refazer, pois contaria com os auxílios provenientes da prosperidade do Brasil.[14] Seria vital, porém, reanimar a agricultura de Portugal, e, para isso, percebia a necessidade de modernizar a estrutura social e econômica do reino, no que talvez cedesse em parte à pressão dos ingleses, convencidos da inviabilidade de Portugal, caso não se procedesse a algumas reformas da estrutura arcaica do sistema de propriedades fundiárias, para o que sugeriam que se convocassem novamente as antigas cortes.

O Príncipe Regente opôs-se decididamente à pressão inglesa pela reconvocação das cortes, mas endossou a necessidade de mo-

13 Pereira da Silva, João Manuel. *História da fundação do Império brasileiro*. Paris: Garnier, 1864-1868. v.III, p.274. "Assolado pela invasão anterior dos três anos; diminuído de recursos com a perda do comércio e monopólios do Brasil; decaído de população que lhe arrancaram as guerras e a *emigração para a América*, sem mais indústria, fábricas e transações mercantis; malbaratado ainda por impostos e sacrifícios que lhe esgotaram os recursos do presente e enegreceram o porvir; curvado sob a autoridade de régulos, que não respeitavam lei nem pessoas e propriedades de súditos: reduzido a colônia e a conquista; que nação o igualava em sofrimentos?"

14 Representação reservadíssima de D. Rodrigo de Souza Coutinho ao Príncipe Regente de 31 de dezembro de 1810 (Pereira da Silva, João Manuel, op. cit., 1864-1868, v.II, p.326 e v.III, p.283 e p.346).

dernização da estrutura econômica e social do reino, pois a prosperidade do novo Império nascente não poderia arcar sozinha com as enormes despesas que requeria a reconstrução da antiga metrópole. A Corte não hesitaria em sobrecarregar as províncias do norte do Brasil de despesas que viriam acentuar as características regionais de dispersão; mas, como esses recursos não bastavam, preferia introduzir reformas econômicas e sociais no reino a fim de evitar sobrecarregar a Corte que começava a enraizar-se no estreitamento de seus laços de integração no Centro-Sul.

Durante a ocupação francesa, recorreram a impostos extraordinários e a subscrições voluntárias para financiar a luta.[15] Também ordenaram a emissão indiscriminada, o que acarretou a desvalorização da moeda do reino em relação à da nova Corte, tendo como conseqüência o movimento crescente de evasão da moeda para o novo Império.[16] Terminada a guerra, ela não queria continuar a cobrar impostos demasiados sobre as capitanias do norte do Brasil, pois já eram grandes as despesas exigidas pelo funcionalismo e pelos membros da nova Corte, sem contar as despesas com as guerras da Guiana e do Prata. De onde o Príncipe Regente definiu para o reino uma política regalista de reformas modernizadoras.[17]

Ele pretendia lançar mão da venda de bens da Igreja e da Coroa no próprio reino. Reformar resquícios antiquados de con-

15 Ibidem, v.III, p.25.

16 Ibidem, v.III, p.167.

17 Sobre a política regalista de D. João VI e os incidentes com o Vaticano, ver Pereira da Silva, João Manuel, op. cit., 1864-1968, v.III, p.253, 256-8. Ver também Peres, Damião. *História de Portugal,* Barcelos: Portucalense, 8v., 1928; Almeida, Fortunato de. *História de Portugal.* Coimbra: edição do autor, 1922-1929. 6v., v.V e VI.

tribuição feudal, lançar novos impostos ordinários menos injustos e mais aptos a dinamizar a economia agrária do reino.[18] Vender bens da Coroa, a prebenda de Coimbra, as capelas e sobretudo acabar com o esquema administrativo das lezírias, terras incultas ao longo dos rios, vendendo e cobrando as décimas e as sisas das vendas, o que concorreria para multiplicar o número de propriedades e para aumentar a produtividade, impedindo extensões de terras não-cultivadas.[19]

Contra a política do Príncipe Regente, ressurgiam os setores mais conservadores do reino que, aferrados aos seus direitos antigos, contribuíam para dificultar ainda mais a devastação causada pela guerra na vida econômica do país. Após o fim da luta, e contrariamente às ordens recebidas da nova Corte, a regência do reino, ligada por laços de parentescos e interesses a setores da nobreza agrária e ao clero, quis fazer continuar o sistema de impostos extraordinários, que recaía sobre comerciantes e funcionários da cidade, principalmente de Lisboa e do Porto.[20] A pressão inglesa e a política comercial da nova Corte fariam, entretanto, que esta também não pudesse contar com os setores mais progressistas do reino, interessados como estavam em medidas protecionistas, nos esforços de industrialização ou em reconquistar antigos privilégios mercantilistas do comércio com a metrópole.[21]

---

18 Silbert, Albert. *Le Portugal mediterranéen à la fin de l'Ancien Regime – XVIIIe – debut du XIXe siècle*. Paris: Sevpen, 1966.

19 Pereira da Silva, João Manuel, op. cit., 1864-1868, v.III, p.161, 165-7, 168, 280-3 e 349.

20 Ibidem, p.170.

21 Piteira Santos, Fernando. *Geografia e economia da Revolução de 1820*. Lisboa: Europa-América, 1962; Sideri, Sandro. *Trade and Power (Informal Colonialism in Anglo Portuguese Relations)*. Roterdam: Rotterdam University Press, 1970.

As tensões internas e inerentes ao processo de reconstrução e modernização de Portugal viriam, pois, exacerbar e definir cada vez mais as divergências de interesses com os portugueses no Brasil. A nova Corte, dedicada à consolidação de um Império no Brasil, que deveria servir de baluarte do absolutismo, não conseguiria levar a bom termo as reformas moderadas de liberalização e reconstrução que se propôs executar no Reino, aumentando as tensões que vão culminar na Revolução do Porto.

Consumada a separação política, que aceitaram mas que de início não quiseram, não pareciam brilhantes para os homens da geração da independência as perspectivas da colônia para transformar-se em nação e sobretudo em uma nação moderna com base no princípio liberal do regime constitucionalista. Os políticos da época eram bem conscientes da insegurança das tensões internas, sociais, raciais, da fragmentação, dos regionalismos, da falta de unidade que não dera margem ao aparecimento de uma consciência nacional capaz de dar força a um movimento revolucionário disposto a reconstruir a sociedade. Não faltavam manifestações exaltadas de nativismo e pressões bem definidas de interesses localistas. No entanto, a consciência propriamente "nacional" viria pela integração das diversas províncias e seria uma imposição da nova Corte no Rio de Janeiro (1840-1850) conseguida a duras penas por meio da luta pela centralização do poder e da "vontade de ser brasileiros",[22] que foi talvez uma das principais forças políticas modeladoras do Império; a vontade de se constituir e de sobreviver como nação civilizada

---

22 Souza, Antonio Candido de Mello e. *Formação da literatura brasileira (momentos decisivos)*. 2.ed. São Paulo: Livraria Martins, 1964.

européia nos trópicos, apesar da sociedade escravocrata e mestiça da colônia, manifestada pelos portugueses enraizados no Centro-Sul e que tomaram a si a missão de reorganizar um novo Império português.[23] A dispersão e fragmentação do poder, somada à fraqueza e instabilidade das classes dominantes, requeria a imagem de um Estado forte que a nova Corte parecia oferecer.[24]

As condições, enfim, que oferecia a sociedade colonial não eram aptas a fomentar movimentos de liberação de cunho propriamente nacionalista no sentido burguês do século XIX. Desde a vinda de D. João VI, portugueses, europeus e nativos europeizados combinavam forças de mútuo apoio, armavam-se, despendiam grandes somas com aparelhamento policial e militar,[25] sob o pretexto do perigo da infiltração de idéias jacobinas pela Amé-

---

23 O Conde de Palmela, apesar de ter estado apenas transitoriamente no Rio de Janeiro, define extraordinariamente bem o ponto de vista dos portugueses que se enraizavam no Brasil, que era, aliás, o mesmo dos ilustrados brasileiros, igualmente europeus. Em carta para a sua mulher, comentava Palmela: "Falta gente branca, luxo, boas estradas, enfim, faltam muitas coisas que o tempo dará, mas não falta, como em Lisboa e seus arredores, água e verdura, pois mesmo nesta estação, a pior, temos tudo aqui tão verde como na Inglaterra" (Carvalho, Maria Amália Vaz. *Vida do Duque de Palmela D. Pedro de Sousa e Holstein*. Lisboa: Imprensa Nacional, 1898-1903. v.1, p.371-2). Nada mais sugestivo da visão dos homens que formaram a nacionalidade brasileira do que essa citação.

24 Paulo Pereira de Castro, em "A experiência republicana (1831-1840)", estuda a política da regência e em particular a tradição de governo forte e centralizado de José Bonifácio, Evaristo da Veiga, Aureliano Coutinho, ligada aos interesses do paço. Ressalta-se a sua influência sobre liberais mineiros e paulistas, expressa, por exemplo, no item sobre a "província metropolitana" na constituição elaborada pelos conspiradores de Pouso Alegre. O autor faz confronto dessa tendência com o parlamentarismo dos barões de café no interior do Rio de Janeiro. O fundamental é evidentemente a articulação da tendência autoritária e centralizadora com o tradicionalismo localista (cf. Castro, Paulo Pereira de. A experiência republicana (1831-1840). In: Holanda, Sérgio Buarque de (Org.) *História geral da civilização brasileira*. São Paulo: Difel, 1964. t.II, v.II, p.31).

25 Pereira da Silva, João Manuel, op. cit., 1864-1868, v.II, p.40; v.III, p.36, 52, 157.

rica espanhola ou pelos refugiados europeus. Inseguros de seu *status* de homens civilizados em meio à selvageria e ao primitivismo da sociedade colonial, procuravam de todo modo resguardar-se das forças de desequilíbrio interno. A sociedade que se formara no correr de três séculos de colonização não tinha alternativa ao findar do século XVIII senão transformar-se em metrópole, a fim de manter a continuidade de sua estrutura política, administrativa, econômica e social. Foi o que os acontecimentos europeus, a pressão inglesa e a vinda da Corte tornaram possível.

A vinda da Corte com o enraizamento do Estado português no Centro-Sul daria início à transformação da colônia em metrópole interiorizada. Seria esta a única solução aceitável para as classes dominantes em meio à insegurança que lhes inspiravam as contradições da sociedade colonial, agravadas pela agitações do constitucionalismo português e pela fermentação mais generalizada no mundo inteiro na época, que a Santa Aliança e a ideologia da contra-revolução na Europa não chegavam a dominar. Pode-se dizer que esse processo, que parte do Rio de Janeiro e do Centro-Sul, somente se consolidaria com a centralização política realizada por homens como Caxias, Bernardo de Vasconcelos, Visconde do Uruguai, consumando-se politicamente com o Marquês de Paraná e o Ministério da Conciliação (1853-1856).

Ainda estão por ser estudados mais a fundo o processo de enraizamento da metrópole na colônia, principalmente pela organização do comércio de abastecimento do Rio de Janeiro e conseqüente integração do Centro-Sul; as inter-relações de interesses comerciais e agrários, os casamentos em famílias locais, os investimentos em obras públicas e em terras ou no comércio de tropas e muares do Sul, no negócio de charque... processo este presidido e marcado pela burocracia da Corte, os privilégios administrativos e o nepotismo do monarca.[26]

Este é o tema recorrente nas cartas de Luiz dos Santos Marrocos, que atribuía a contínua postergação da volta da Corte à pressão de interesses particulares ávidos de privilégios de concessões em obras públicas. Em suas cartas, constatava com desânimo os enormes investimentos locais que faziam os principais homens de negócios da Corte demonstrando sua intenção de permanecer no país. Em carta de março e maio de 1814, atribuía o atraso da volta da Corte para Portugal à construção do Palácio da Ajuda. Referia-se a "letargo e silêncio", que encobriam interesses particulares.[27] A volta não se daria tão cedo:

> Não é porque crescem aqui as obras de melhor acomodação futura, mas há cousas particulares e não sei se expressões de autoridades, que fazem recear uma mui prolongada permanência nesse clima. Por todas as repartições eclesiásticas, civis e militares há estas aparências. (p.188)

As construções não paravam: refere-se, em sua correspondência, às reformas do arsenal da marinha (p.215), a um palácio no sítio de Andaraí para D. Carlota residir (p.216), a um aumento no palácio de São Cristóvão para o verão da família real

26 Visconde do Rio Seco. Exposição analítica e justificativa da conduta e vida pública do Visconde do Rio Seco. Rio de Janeiro, 1821. Ver *Arquivo do Museu Imperial*. A mesma tradição de dependência do poder real em Portugal vem descrita em Ratton, Jacome. *Recordações*. Londres: H. Bryer, 1813.

27 Marrocos, Luiz Joaquim dos Santos. Cartas de Luiz Joaquim dos Santos Marrocos, escritas à sua família em Lisboa, de 1811 a 1821. *Anais Biblioteca Nacional*, 1934, v.56, p.188-89.

(abril de 1815), ao palácio de Santa Cruz para as jornadas de fevereiro, julho e novembro (p.222), a um palácio novo no sítio da Ponte do Caju que consumiria 77 milhões (p.232); em fevereiro de 1816, a um picadeiro novo que consumiria cinqüenta milhões e a uma cadeia nova "com dinheiro arrecadado num dia de Benefício do teatro da Corte"(p.260).

Loterias e subscrições voluntárias atestavam os interesses de enraizar a Corte. "Há muitas e muitas obras, mas são daquelas, de que os pseudo-brasileiros, vulgo janeiristas, se servem para promover o boato de persistirmos aqui eternamente", escrevia em carta de dezembro de 1814 (p.220). Também interessantes são as suas referências aos investimentos particulares das principais fortunas da Corte.

Em novembro de 1812, conta do soberbo palácio no Lago dos "Siganos" que construía José Joaquim de Azevedo, logo Barão do Rio Seco; em agosto de 1813 o mesmo "capitalista" construía um segundo palácio no sítio de Mataporcos, igualmente faustoso (p.154). Refere-se aos interesses de Fernando Carneiro Leão na real loteria do teatro São João (p.50 n.) e às propriedades luxuosas de alguns ministros; por exemplo, a aquisição pelo Conde da Barca de duas casas por 45 mil cruzados, onde "vai fazer a sua habitação", acrescentava com evidente desagrado o bibliotecário de D. João VI, que não via a hora de retornar a Portugal.

Marrocos fornece algumas pistas curiosas sobre o enraizamento dos interesses portugueses no Brasil não só em construções de luxo, mas também e, sobretudo, na compra de terras e no estabelecimento de firmas de negócios: "José Egidio Alvarez de Almeida lá vai para o Rio Grande ver e arranjar uma grande fazenda que comprou por 63 mil cruzados e ali estabelecer uma fábrica de couros de sociedade com Antônio de Araújo – ministro de D. João VI, Conde da Barca".[28]

Também continua pendente o estudo mais específico do regionalismo e das relações da Corte com as províncias do Norte e Nordeste, em que se defina claramente a continuidade com a estrutura política e administrativa da colônia. Como metrópole interiorizada, a corte do Rio de Janeiro lançou os fundamentos do novo Império português chamando a si o controle e a exploração das outras "colônias" do continente, como o Nordeste.[29]

Não obstante a elevação a Reino Unido, o surto de reformas que marca o período joanino visa à reorganização da metrópole na colônia e equivale, de resto, no que diz respeito às demais capitanias, apenas a um recrudescimento dos processos de colonização portuguesa do século anterior.[30]

---

28 Carta de fevereiro de 1814, op. cit., p.185. Ver também o levantamento dos bens adquiridos pelo Conde dos Arcos em Monteiro, Tobias, op. cit., 1927, p.244 n.

29 Sugestivo das relações entre antiga metrópole, a nova Corte do Rio de Janeiro e as demais capitanias do Brasil seria a divisão de mercado entre a fábrica real de pólvora do reino e a nova fábrica de pólvora instalada no Rio (Pereira da Silva, João Manuel, op. cit., 1864-1868, v.III, p.151). Ficavam reservados exclusivamente para a fábrica do Rio os mercados consumidores de Pernambuco, Bahia, São Paulo, Rio Grande do Sul, os portos da costa da África e a própria Corte. A fábrica do reino só poderia vender para Açores, Madeira, Porto Santo, Cabo Verde e, no continente americano, para o Maranhão, Pará e Ceará (carta de 22 de julho de 1811, v.III, p.344). Também *ilustrativo da continuidade da política fiscal* é o fato de a corte lançar novos impostos sobre as províncias do Norte destinados ao custeio de seu funcionalismo e de obras públicas, como seria o caso do aumento de impostos de exportação de açúcar, tabaco, algodão, couros etc. (v.III, p.55). Em julho de 1811, quando se tornou necessário levantar uma contribuição de 120 mil cruzados para financiar a reconstrução do reino, a nova Corte lançou os necessários impostos sobre as províncias do Norte: a Bahia contribuiria com sessenta mil cruzados por ano. Pernambuco com quarenta mil e Maranhão com vinte mil (carta régia de 26 de julho de 1811, v.III, p.285).

30 Semelhantes ao fato de as capitanias dirigirem-se para Lisboa ou para o Rio de Janeiro. Ver Vasconcelos, Antonio Luiz de Brito Aragão. Memória sobre o estabelecimento do Império do Brasil. *Anais Biblioteca Nacional*, v.43-4, p.43.

Um estudo mais aprofundado do mecanismo inerente às classes dominantes no Brasil colonial seria um grande passo no estado atual da historiografia da "independência". Viria certamente esclarecer de forma mais específica e sistemática a relativa continuidade das instituições que caracteriza a transição para o Império. Quando se aprofundar o estudo do predomínio social do comerciante e das íntimas interdependências entre interesses rurais, comerciais e administrativos, estará aberto o caminho para a compreensão do processo moderado de nossa emancipação política. A instabilidade crônica da economia colonial gerava mecanismos sociais de acomodação, tais como a conseqüente e relativa "fluidez" e "mobilidade" das classes dominantes, servindo como força neutralizadora para abafar divergências e impedir manifestações de descontentamento que multiplicassem inconfidências e revoltas.

A própria estrutura social, com o abismo existente entre uma minoria privilegiada e o resto da população, polarizaria as forças políticas, mantendo unidos os interesses das classes dominantes. O sentimento de insegurança social e o "haitianismo", ou seja, o pavor de uma insurreição de escravos ou mestiços como a que se dera no Haiti em 1794, não devem ser subestimados como traços típicos da mentalidade da época, reflexos estereotipados da ideologia conservadora e da contra-revolução européia.[31] Eles agiram como força política catalisadora e tiveram um papel decisivo no momento em que regionalismos e diversidades de interesses poderiam ter dividido as classes dominantes da colônia.

---

31 Marrocos, Luís Joaquim dos Santos, op. cit., v.56. Ver Carta do Conde dos Arcos sobre revoltas negras na Bahia. Cf. Martins, Francisco de Rocha. *O último vice-rei do Brasil*. Lisboa: Oficinas Gráficas do "A.B.C.", 1932. p.35-6.

Nesse sentido, são sugestivas as considerações e as inquietações dos homens das duas primeiras décadas do século XIX sobre as perspectivas que poderia oferecer a colônia para se transformar em nação. Para alguns utópicos e sonhadores, tudo evidentemente parecia possível. Mas, no geral, homens de ânimo mais ponderado, dotados de um senso arguto da realidade do meio para o qual se voltavam com opiniões políticas conservadoras, conforme requeriam a época e o meio, expressavam mil inseguranças e um profundo pessimismo, arraigado no sentimento generalizado de insegurança social e de pavor da população escrava ou mestiça: "... amalgamação muito difícil será a liga de tanto metal heterogêneo. Como brancos, mulatos, pretos livres e escravos, índios, etc. etc., em um corpo sólido e político" (escrevia José Bonifácio em 1813 para D. Domingos de Souza Coutinho).[32]

Sob o impacto das agitações constitucionalistas da revolução liberal que viera ferventar as contradições internas da sociedade colonial, Sierra y Mariscal, em 1823, calculava que dentro de três anos a "raça branca acabará às mãos de outras castas e a província da Bahia desaparecerá para o mundo civilizado".[33]

Grande foi a apreensão quando a Revolução do Porto e a volta de D. João VI para o velho reino puseram em perigo a continuação do poder real e do novo Estado português no Centro-Sul, que os interesses enraizados em torno da Corte queriam preservar. Além disso, grande era a falta de segurança social que sentiam as classes dominantes em qualquer ponto da colônia; insegurança

---

32 Documentário sobre a correspondência de José Bonifácio (1810-1820). *Revista de História*, v.XXVII, n.55, 1963, p.226. Trata-se do irmão de D. Rodrigo de Souza Coutinho.

33 Sierra y Mariscal, Francisco de. Idéias sobre a Revolução do Brasil e suas conseqüências. *Anais da Biblioteca Nacional*, v.43-4, p.65.

com relação à proporção exagerada entre uma minoria branca e proprietária e uma maioria de desempregados, pobres e mestiços, que pareciam inquietá-los mais do que a população escrava. À insegurança do desnível social somavam-se os problemas advindos da diversidade étnica de que portugueses ou nativos enraizados eram muito conscientes: "em Portugal e no Brasil os homens de senso conhecem que, deslocando-se o poder real, o Brasil se perde para o mundo civilizado e Portugal perde a sua independência".[34]

Verdade é que Sierra y Mariscal apegava-se a uma ordem de coisas que a infiltração do contrabando inglês na colônia e a marginalização econômica e política de Portugal no correr do século XVIII já vieram desmentir.[35] Não obstante a Corte e a administração portuguesa, a monarquia e o poder real, o mito da autoridade central pareceria sempre uma âncora de salvação e segurança, "por isso é que o governo deve ter molas muito mais fortes que em qualquer outra parte. A educação, o clima, a escravidão são justamente a causa desta fatalidade".[36]

Horace Sée, que veio ao Brasil em 1816, testemunha a falta de unidade e comunicação entre as diferentes possessões portuguesas no continente americano.[37] Dez anos mais tarde, em ple-

---

34 Ibidem, p.53.

35 Sobre a marginalização de Portugal nos séculos XVIII e XIX, ver Manchester, Alan K. *British Preeminence in Brazil*. Illinois: University of North Carolina Press, 1933; Stein, Stanley e Stein, Barbara. *The Colonial Heritage of Latin America (Essays on Economic Dependence in Perspective)*. New York: Oxford University Press, 1970; Boxer, Charles R. *The Portuguese Seaborne Empire*. London: Hutchinson, 1970; Maxwell, Kenneth. Pombal and the nationalization of luso-brazilian commerce. *Hispanic American Historical Review*, november 1968; Sideri, Sandro, op. cit., 1970, cap.III e VI.

36 Sierra y Mariscal, Francisco de, op. cit., v.43-4, p.63.

37 Holanda, Sérgio Buarque de, op. cit., 1962, p.16.

no primeiro reinado, o ministro inglês Chamberlain escrevia para Canning manifestando a sua grave apreensão com a indiferença e o descaso manifestados pelo governo do Rio para com os problemas de miséria e seca que agitavam o Império, da Bahia para o Norte, tornando cada vez mais iminente e perigosa a centelha de uma revolução que poderia cindi-lo.[38] Conscientes de sua fraqueza interna, os portugueses da nova Corte dedicaram-se a fortalecer a centralização e o poder real, que os revolucionários do reino queriam transferir de volta à antiga metrópole:

> o Brasil é um país nascente, um povoado de habitantes de diversas cores, que se aborrecem mutuamente: a força numérica dos brancos é muito pequena e só Portugal pode socorrer eficazmente no caso de qualquer dissensão interna ou ataque externo. As capitanias não se podem auxiliar mutuamente, por estarem separadas por setores imensos de modo que aquele país não forma ainda um reino inteiro e contínuo, necessita em conseqüência de sua união com Portugal, por meio da carta constitucional que fará felizes ambos os países...[39]

A fraqueza e dispersão da autoridade, as lutas de facção tornavam mais aguda a insegurança das contradições internas sociais e raciais, e estas identificavam-se para os homens da época com o perigo da dispersão e a desunião política entre várias capitanias. Para Sierra y Mariscal, que escrevia em 1823, as possessões americanas dos portugueses apresentavam um quadro desolador e malbaratado de desagregação:

---

38 Carta de 22 de abril de 1826 (Webster, Charles K. *Great Britain and the independence of Latin America*. Oxford: Oxford University Press, 1838. p.308).

39 Sierra y Mariscal, Francisco de, op. cit., v.43-4, p.72.

> Pernambuco dissidente já do Rio de Janeiro. A Bahia nula em rendas e rotos os elementos de sua prosperidade. O Rio de Janeiro a ponto de uma bancarrota pelos esforços e sacrifícios que tem feito e pelas perdas sofridas. As províncias do Sul inquietas. As províncias do Maranhão e Pará nulas para o partido da revolução e tudo junto porão o governo do Rio de Janeiro nas tristes circunstâncias de caírem em terra com a carga, sem esperanças de mais se levantar.[40]

Podem-se vislumbrar, dentro dos padrões da época, o carisma que teria a imagem de um Príncipe Regente e a força com que atraía a massa de povos mestiços e desempregados, incapazes de se afirmarem, sem meios de expressão política, tomados de descontentamento, que, em sua insatisfação, por demais presos ao condicionamento paternalista do meio em que surgiram, revoltavam-se contra monopolizadores do comércio e contra atravessadores de gêneros alimentícios. Porém, a Corte e o poder real fascinavam-nos como uma verdadeira atração messiânica; era a esperança de socorro de um bom pai que vem curar as feridas dos filhos. Nem a febre do constitucionalismo chegaria a afetar drasticamente seu condicionamento político.

Também as classes dominantes tenderam a apegar-se à Corte. Atormentados pela falta de perspectiva política e pelo desejo de afirmação diante de facções rivais, chamados em sua vaidade pelo nepotismo do príncipe, atraídos por títulos[41] e, sobretudo,

---

40 Ibidem, p.74.

41 Note-se o prisma liberal curiosamente distorcido com que Pereira da Silva (op. cit., 1864-1868, v.II, p.47) critica o que era um traço peculiar e característico do equilíbrio interno das classes dominantes da colônia; crítica esta contra o funcionamento público que é uma das chaves com que investe contra o período joanino: "Conseguiram igualmente entrar para as repartições públicas alguns brasileiros, posto que poucos e raros, deixando posições independentes lucrativas e honrosas, ofuscados

ansiosos de assegurar sua autonomia local sob a proteção e sanção do poder central que viria afirmar sua posição em meio à população escrava, ou pior, a turbulência de mestiços que não eram proprietários. Além disso, precisavam dos capitais dos portugueses adventícios; firmavam com eles compromissos de proprietários e laços de casamento. O Banco do Brasil oferecia vantagens para os que sabiam buscar a proteção política.

> A falta de meios que tem essa espécie de aristocracia lhe priva de formar clientes e de fazer-se hum partido entre o povo, porque eles mesmos são fraquíssimos e precisam da proteção dos Negociantes com que se honram muito. O Comércio, se se quer, é quem é o único corpo aristocrata.[42]

Ao se aprofundar o estudo do predomínio social do comerciante e da íntima interdependência entre interesses rurais, administrativos, comerciais, temos um quadro mais claro dos *mecanismos de defesa e coesão do elitismo* que era característica fundamental da sociedade do Brasil colonial. Já foram lançadas as diretrizes de revisão do mito europeu da sociedade dual e várias obras existentes analisam sob novos prismas a suposta dicotomia ou oposição entre interesses urbanos e rurais, identificados, confundidos uns com os outros e harmonizados pela

---

pelo brilho e importância social do funcionalismo. Apoderam-se os espíritos todos de uma tendência para os empregos administrativos que causou e causa atualmente (1867) graves prejuízos à independência individual e ao desenvolvimento moral e material do passado. A ambição de viver dentro e debaixo da ação e tutela do governo rouba aos indivíduos a sua própria liberdade, ao passo que lhe não assegura a fortuna e nem o futuro seu e da sua família e arranca aos ofícios, às artes, ao comércio, à indústria, às letras e às ciências, cidadãos prestimosos e inteligentes".

42 Sierra y Mariscal, Francisco de, op. cit., v.43-4, p.72.

administração pública, dado o grande papel social que exercia na colônia.[43]

A vinda da Corte haveria de ressaltar traços já bem aparentes na segunda metade do século XVIII e que tendiam a acentuar o predomínio do comerciante. Por isso, alarmava-se Sierra y Mariscal com a Revolução do Porto e com as manifestações hostis aos comerciantes portugueses:

> roto o dique que continha as revoluções (o comércio), não havendo quem supra a lavoura, esta não pode dar um passo. Um ano de guerra civil auxiliado do céu, natureza da agricultura e topografia da província tem relaxado a disciplina da escravatura. Os Senhores de Engenho não tendo quem lhes adiante fundos não podem alimentar os escravos e neste estado os escravos se sublevam e a Raça Branca perece sem remédio.[44]

Sierra y Mariscal refletia o pensamento dos brancos e proprietários da Bahia e de Pernambuco, mas generalizava a sua apreensão para todo o Império português. Era a missão da monarquia portuguesa salvar a raça branca e salvar-se a si mesma, porque, se um incêndio eclodisse nas províncias do Norte do Brasil, "levariam a dissolução e a anarquia a todas as possessões pacíficas da parte d'aquém do Cabo; sem que se excetuassem as ilhas de Cabo Verde e Açores e neste terrível conflito a base mesma da monarquia se abalaria".[45]

---

43 Boxer, Charles R. *The Golden Age of Brazil*. Berkeley: University of California Press, 1962. p.63-70; Boxer, Charles R., op. cit., 1969. Russel-Wood, A. J. R. *Fidalgos and Philanthropists: Santa Casa de Misericórdia of Bahia*. Berkeley: University of California Press, 1968; Schwartz, Stuart B. The Desembargo do Paço. *Hispanic American Hisorical Review*, 1971.

44 Sierra y Mariscal, Francisco de, op. cit., v.43-4, p.72.

45 Idibem, p.67.

Os conflitos gerados pela incompatibilidade entre o absolutismo e de um lado, a política mercantilista da Coroa e do outro, as pressões do novo liberalismo econômico, oriundo do amadurecimento do capitalismo industrial na Inglaterra, foram sem dúvida a chave-mestra a desencadear as forças de transformação no período. Dadas, porém, as peculiaridades sociais da sociedade colonial brasileira, essas não se identificaram por imediato com "um movimento de libertação nacional". Tamanha era a complexidade dos conflitos internos e a heterogeneidade dos regionalismos que aquilo a que finalmente assistimos no decorrer dos episódios das primeiras décadas do século XIX, que se convencionou chamar de "época da independência", é uma fragmentação localista ainda maior e simultaneamente um *recrudescimento da presença de portugueses.*[46]

Ao contrário do que se dá na maior parte dos países da América espanhola, em que os "creolos" expulsam e expropriam os espanhóis metropolitanos, assistimos, em torno da nova Corte e da transmigração da dinastia de Bragança, ao enraizamento de novos capitais e interesses portugueses, associados às classes dominantes nativas e também polarizadas em torno da luta pela afirmação de um poder executivo central, pois essas classes queriam se fortalecer contra as manifestações de insubordinação das

46 Mareschal, o ministro austríaco no corte do Rio de Janeiro, registrou o fato de José Joaquim da Rocha, um dos principais promotores do "Fico" e em cuja casa foi assinado o manifesto dos fluminenses, ter-se recusado a aceitar o cargo de ministro por achar necessária uma maioria de portugueses nos conselhos do Príncipe... (Monteiro, Tobias, op. cit., 1927, p.445). No manifesto de justificação, os revolucionários do Porto alegavam, inicialmente, a evasão de gente e de capital para o Brasil e, em seguida, lamentavam os efeitos do tratado de 1810 e a perda do monopólio do comércio do Brasil (Pereira da Silva, João Manuel, op. cit., 1864-1868, v.II, p.46 e v.III, p.26).

classes menos favorecidas, muitas vezes identificadas com nativismos facciosos ou com forças regionalistas hostis umas às outras e por vezes à nova Corte, como seria o caso do Nordeste na revolução de 1817 e na Confederação do Equador.[47]

Tanto assim é que os conflitos e as pressões sociais e raciais contra o português, rico, monopolizador do comércio e dos cargos públicos, não seriam resolvidos pela "independência" em 1822, nem pela abdicação de D. Pedro em 1831. Não se tratava de um mero preconceito chauvinista relacionado com a separação da metrópole; era um conflito interno inerente à sociedade colonial e que mesmo o Império não superaria. A lusofobia transparece continuamente nos desabafos da imprensa através de todo o século XIX, nas reivindicações dos "praieiros" da corte e de Pernambuco (1848) pela nacionalização do comércio a varejo, repetindo-se em muitos outros episódios esparsos de violência, como o que se dá em Macapá, em Goiana, em 1873,[48] e pela Primeira República adentro.

Se as diretrizes fundamentais da historiografia brasileira já estão bem definidas, precisam ainda ser mais bem elaboradas por estudos mais sistemáticos das peculiaridades da sociedade colonial, permitindo-nos uma compreensão mais completa desse processo de interiorização da metrópole, que parece ser a chave para o estudo da formação da nacionalidade brasileira. O fato é que a semente da "nacionalidade" nada teria de revolucionário: a monarquia, a continuidade da ordem existente eram as grandes preocupações dos homens que forjaram a transição para o

---

47 Mota, Carlos Guilherme. *Nordeste, 1817 - Estruturas e argumentos*. São Paulo: Perspectiva, 1972.

48 Cavalcanti, Paulo. *Eça de Queiroz, agitador no Brasil*. São Paulo: Companhia Editora Nacional, 1966. p.63.

Império: "também não queremos uma revolução e uma revolução será se mudarem as bases de todo o edifício administrativo e social da monarquia; e uma revolução tal e repentina não se pode fazer sem convulsões desastrosas, e é por isso que não a desejamos".[49]

A semente da integração nacional serial, pois, lançada pela nova Corte como um prolongamento da administração e da estrutura colonial, um ato de vontade de portugueses adventícios, cimentada pela dependência e colaboração dos nativos e forjada pela pressão dos ingleses que queriam desfrutar do comércio sem ter de administrar... A insegurança social cimentaria a união das classes dominantes nativas com a "vontade de ser brasileiros" dos portugueses imigrados que vieram fundar um novo Império nos trópicos. A luta entre as facções locais levaria fatalmente à procura de um apoio mais sólido no poder central. Os conflitos inerentes à sociedade não se identificam com a ruptura política com a Mãe Pátria, e continuam como antes, relegados para a posteridade.

A participação dos ilustrados brasileiros na administração pública portuguesa é fenômeno característico e muito peculiar às classes dominantes da sociedade colonial.[50] O "elitismo burocrático" era uma das válvulas de escape da instabilidade econômica sabiamente expressa no ditado do século XVIII: "Pai taverneiro, filho nobre e neto mendicante".[51] Essa instabilidade econômica gerava mecanismos de acomodação social destina-

---

49 *Correio Braziliense*, n.XXIV, p.421.

50 Dias, Maria Odila Leite da Silva (Aspectos da ilustração no Brasil. *Revista do Instituto Histórico e Geográfico Brasileiro*, v.278, p.100-70, jan.-mar. 1968. Este texto encontra-se editado neste volume.

51 Boxer, Charles R., op. cit., 1962, p.13.

dos a amparar o *status* dos "empobrecidos"[52] e a manter a harmonia do corpo social; era o caso das santas casas, dos conventos, das ordens religiosas, do funcionalismo público em geral.[53]

Não se pode subestimar o papel do "elitismo burocrático" na sociedade colonial, pois explica em grande parte a íntima colaboração entre as classes dominantes nativas e a administração pública portuguesa, que vive a sua fase máxima com a vinda da Corte e a fundação do novo Império.

Nessa época, absorvidos na engrenagem maior de uma política de Estado, empenharam-se ativamente os ilustrados brasileiros na construção do novo Império dos trópicos. A ilustração brasileira não pode ser, pois, identificada com "anticolonialismo" ou com a luta da colônia contra a metrópole.

Estadistas como D. Rodrigo de Souza Coutinho ou o Conde da Barca tinham como missão precípua a tarefa da fundação de um novo Império que teria como sede o Rio de Janeiro e que deveria impor-se sobre as demais capitanias. E para esse trabalho contaram com a colaboração e o empenho dos ilustrados brasileiros.

Com a vinda da Corte, pela primeira vez, desde o início da colonização, configuravam-se nos trópicos portugueses preocupações próprias de uma colônia de povoamento[54] e não apenas

---

52 Vilhena, Luís dos Santos. *Notícias Soteropolitanas da Bahia*. Bahia: Imprensa Oficial, 1921, carta I, p.43-5.

53 Boxer, Charles R., op. cit., 1962; Boxer, Charles R., op. cit., 1970; Russel-Wood, A. J. R., op. cit., 1968.

54 "Uma das coisas que concorrem muito para o aumento da população é a providência da economia e política de todos os povos que habitam as cidades, vilas e aldeias e ainda mesmo os mais insignificantes lugares; para o que convém provê-los de tudo aquilo que eles necessitam, cuja falta faz muitas vezes ficarem desertas as terras, pois os habitantes fogem de residir em um sítio, onde faltam as comodi-

de exploração ou feitoria comercial, pois que no Rio teriam que viver e, para sobreviver, explorar "os enormes recursos naturais" e as potencialidades do Império nascente, tendo em vista o fomento do bem-estar da própria população local. Para isso, queriam firmar o tratado de 1810 e a abertura dos portos "de maneira que, promovendo o comércio, pudessem os cultivadores do Brasil achar o melhor consumo para os seus produtos, que daí resultasse o maior adiantamento na geral cultura e povoação deste vasto território".[55] Promover o povoamento,

> o aumento da agricultura, as plantações de cânhamo, especiarias e de outros gêneros de grande importância, de conhecida utilidade, assim para o consumo interno como para exportação, a extração dos preciosos produtos, dos reinos mineral e vegetal e que tenho animado e protegido...[56]

Déspotas esclarecidos e fisiocratas iludiam-se exagerando os recursos das novas terras e estavam tomados pela febre dos melhoramentos materiais. Reservavam privilégios para o Centro-Sul, onde se instalara a Corte. A fim de custear as despesas de

---

dades necessárias. Para se poder dar as precisas providências tendentes a este fim, importa muito indagar quais são os gêneros indispensáveis para a subsistência da vida e fazer-se com que eles não faltem em cada lugar, que em todos se plante a mandioca, ou o trigo, hajam açougues providos, pomares de frutos, pastos para toda a qualidade de gados, tavernas de comestíveis e mercadorias mais concordes com o uso e consumo da terra, que hajam oficiais de todos os ofícios mecânicos, Médico ou Cirurgião e o mais conducente ao Bem Público de cada povoação à proporção da sua grandeza e do seu luxo pois sem isso não se podem reger os povos" (Vasconcelos, Antonio Luiz de Brito Aragão, op. cit., v.43-4, p.31).

55 Pereira da Silva, João Manuel, op. cit., 1864-1867, v.III, p.274.

56 Ibidem, p.283.

instalação de obras públicas e do funcionalismo, aumentaram os impostos sobre a exportação de açúcar, tabaco, algodão e couros, criando ainda uma série de outras tributações que afetavam diretamente as capitanias do Norte, que a Corte não hesitava ainda em sobrecarregar com a violência dos recrutamentos e com as contribuições para cobrir as despesas da guerra no reino, na Guiana e no Prata. Para governadores e funcionários das várias capitanias, parecia a mesma coisa dirigirem-se para Lisboa ou para o Rio de Janeiro.[57]

Pelo menos dois dos ministros de D. João VI tinham experiência na administração colonial.[58] Os governadores das várias capitanias continuaram com as atribuições militares despóticas que tinham antes. Apesar das boas administrações do Conde de Palma em Minas Gerais e do Conde dos Arcos na Bahia, não serviam os governadores de bons elos ou unidade entre as várias regiões da colônia, trancando-se em suas respectivas jurisdições, cometendo excessos e arbitrariedades e desrespeitando muitas vezes a autoridade da Corte.[59] É inegável, entretanto, os esforços feitos pelos ministros do Príncipe Regente para tornar mais eficiente a centralização administrativa pela nomeação de juízes de fora representantes do poder central, atentos à missão de coordenar os interesses locais com os da nova Corte.

Além disso, preocupou-se a Corte em abrir estradas e, fato quase inédito, em melhorar as comunicações entre as capitanias,

57 Martins, Francisco de Rocha, op. cit., 1932, p.38-9.

58 Foi o caso de Fernando José de Portugal, vice-rei no Rio de Janeiro de 1801 a 1806 e do próprio Conde dos Arcos (Oliveira Lima, Manuel de, op. cit., v.I, p.171-3 e 180).

59 Pereira da Silva, João Manuel, op. cit., 1864-1868, v.III, p.156 e 288-9 e 291.

em favorecer o povoamento e a doação de sesmarias. Tinham como fé obsessiva aproveitar as riquezas "de que abunda este ditoso e opulento país, especialmente favorecido na distribuição de riquezas repartidas pelas outras partes do globo";[60] precisavam incrementar o comércio e movimentar meios de comunicação e transporte.[61] Além dos estrangeiros, continuaram os viajantes e engenheiros nacionais a explorar o interior do país, a realizar levantamentos e mapas topográficos para o que foi especialmente criada uma repartição no Rio de Janeiro.[62] Levantou-se uma carta hidrográfica das capitanias compreendidas entre o Maranhão e o Pará; foram enviadas expedições para examinar os rios tributários do Amazonas. Tentaram dar acesso ao comércio do Mato Grosso pelos rios Arinos, Cuiabá e Tapajós, ligando Mato Grosso por via fluvial e terrestre com São Paulo.[63] Através do Guaporé, Mamoré e Madeira, encontraram o caminho que poria em contato o Amazonas com os sertões do interior do país. Concederam-se privilégios, estatutos e isenções de impostos para uma companhia de navegação fluvial.[64] O Tocantins e o Araguaia foram explorados, embora não se tivesse chegado a organizar uma companhia de navegação regular. Em Goiás, vários "capitalistas" se reuniram e começaram o transporte regular pelos seus rios. Também foram mais bem investigados os rios Doce, Belmonte, Jequitinhonha, o Ribeirão de Santo Antônio do Cerro do Frio, em Minas Gerais.

---

60 Alvará de 24 de novembro de 1813 (Ibidem, v.III, p.348).

61 Carta régia de 4 de dezembro de 1813 (Ibidem, v.III, p.348).

62 Oliveira Lima, Manuel de, op. cit., v.I, p.255.

63 Ibidem, v.II, p.789.

64 Pereira da Silva, João Manuel, op. cit., 1864-1868, v.III, p.133.

Abriram-se caminhos do interior para Ilhéus e para o Espírito Santo e outro de Minas Novas para Porto Seguro.[65] As tradições da colonização portuguesa e o afã de integração e conquista dos recursos naturais delineavam a imagem do governo central forte, necessário para neutralizar os conflitos da sociedade e as forças de desagregação internas.

Essa "tarefa" de reforma e construção absorveu os esforços dos ilustrados brasileiros a serviço da Corte portuguesa e nela se moldaria a geração da "independência". Não se devem subestimar as conseqüências advindas desse engajamento numa política de Estado portuguesa; marca profundamente a elite política do primeiro reinado e teve influência decisiva sobre todo o processo de consolidação do Império, principalmente no sentido de arregimentação de forças políticas, pois proviria em grande parte daquela experiência a imagem do Estado nacional que viria a se sobrepor aos interesses localistas. Algumas décadas após a Independência (1838-1870), chegariam os ilustrados brasileiros a definir seu nacionalismo didático,[66] integrador e progressista, e uma consciência nacional eminentemente elitista e utilitária.

65 Vasconcelos, Antonio Luiz de Brito Aragão, op. cit., v.43-4, p.43.

66 Souza, Antonio Candido de Mello e, op. cit., 1964, v.II.

Aspectos da ilustração no Brasil*

Tivemos como objetivo neste trabalho estudar certos aspectos da mentalidade de uma geração que participou da Independência e que tem raízes nas primeiras tentativas dos brasileiros de adaptar às condições de seu meio, a cultura "ilustrada" da Europa no século XVIII; características de pensamento que continuam depois pelo século XIX adentro, motivo pelo qual nos preocupamos também em traçar os seus reflexos nas manifestações progressistas e modernizadoras dos brasileiros durante o Império.

Referimo-nos às atividades dos brasileiros formados nas principais universidades européias, principalmente em Coimbra, a partir de 1772, e também em Montpellier, Edimburgo, Paris e Estrasburgo. Fenômeno sugestivo e ao qual não se tem dado a ênfase merecida é a acentuada tendência para os estudos científicos, manifestada por grande número desses estudantes, que também procuraram ocupar-se dos problemas de sua terra e nela introduzir reformas. Apesar do prisma cosmopolita e universal de sua mentalidade de ilustrados, pode-se dizer que seus estudos, de natureza empírica e objetiva, refletiram tão de perto a realidade brasileira, que constituem valor documental mais acessível para o historiador do que a simbologia da obra dos poetas e

---

* Este texto foi publicado pela primeira vez na Revista do Instituto Histórico e Geográfico Brasileiro, volume 278, janeiro-março de 1968.

oradores da mesma época, adstritos ao formalismo dos moldes do classicismo francês e do arcadismo italiano, sob cujo arcabouço europeu devem ser desvendadas as imagens da terra e as primeiras manifestações nativistas.

Suas atividades de pesquisa e de exploração, desvendando o interior do Brasil e procurando inovações para o seu progresso material, têm um cunho prático muito peculiar do meio e do momento histórico em que viviam e, por isso, oferecem um interesse mais específico para o estudo das origens de uma cultura brasileira do que a análise das primeiras manifestações revolucionárias e republicanas da colônia, das quais, é certo, muitos dentre eles participaram, mas que refletem a ideologia da Independência norte-americana e da Revolução Francesa, formas generalizadas de um movimento cosmopolita e universal, simbolizada nas lojas maçônicas.

Não pretendemos, contudo, negar a influência fundamental das idéias secularizadoras da mentalidade ilustrada européia sobre esses intelectuais brasileiros dos fins do século XVIII e início do XIX, uma das razões, aliás, para explicar sua vocação científica.

A nova ética do Século das Luzes, segundo a qual os homens poderiam aspirar à liberdade e à realização de sua felicidade na terra, dera um vigoroso impulso ao estudo das ciências.Os homens, como lembra Carl Becker em seu livro sobre a cidade divina do século XVIII,[1] passaram a tentar edificar o paraíso celeste no mundo de todo dia, aliando ao seu otimismo utópico a mentalidade pragmática das reformas concretas. Daí o renascimento científico de meados do século XVIII, principalmente no campo

---

1 Becker, Carl. *La ciudad de Dios del siglo XVIII*. México: Fondo de Cultura Económico, 1943.

das ciências naturais e mecânicas, a exaltação do sábio e do cientista como o homem prático e de ação: caberia a eles construir a felicidade dos homens com inventos e descobertas úteis ao bem-estar e à saúde e ao proveito da sociedade.

O antiintelectualismo de Rousseau, com seu horror aos inventores e cientistas, que tamanha atração exerceria sobre os europeus impressionados com a miséria dos agrupamentos urbanos e dos operários, nas minas e fábricas das regiões industrializadas, sobretudo da Inglaterra, não teria grande repercussão entre os estudantes brasileiros, assim como também não os entusiasmariam suas idéias democráticas – ciosos como eram de seus privilégios de aristocratas; do ponto de vista humanitário, viam na mecanização um meio de aliviar os sofrimentos dos escravos e de libertá-los de um jugo, condenado pelas leis da natureza. Muito maior, portanto, entre os brasileiros dessa época, seria a influência de uma corrente de pensamento diretamente filiada a Voltaire e aos enciclopedistas franceses e que desempenharia papel histórico decisivo no estabelecimento de relações pragmáticas entre os intelectuais e a sociedade. Profetas do movimento científico, os enciclopedistas franceses reivindicavam, nas palavras de Diderot, "um incremento da ciência natural, da anatomia, da química e da física experimental", como um primeiro passo na reforma da sociedade. Além de D'Alambert, o grande físico e matemático da França pré-revolucionária, diversos cientistas contribuiriam para a sua obra. É sugestiva da sua escala de valores a seção F do grande dicionário, em que o verbete "Fornalhas" ultrapassa bastante em extensão o artigo sobre a "Fé".[2]

---

2 Feuer, Lewis S. *The Scientific Intellectual (The Psychological and Sociological Origins of Modern Science)*. New York: Basic Books Inc. Publishers, 1963. p.281.

A penetração desse espírito em Portugal explica o fato de, entre os 568 estudantes formados em Direito (maioria significativa no total de 866 brasileiros formados em Coimbra) de 1772 a 1822, 281, ou seja, cerca da metade, terem-se formado simultaneamente em Leis e Matemática ou Ciências Naturais, acumulando as duas ou três especialidades,[3] fenômeno que era bastante comum naquele tempo. Baltazar da Silva Lisboa ilustra bem a atração que as ciências exerciam naquele momento; quando cursava em Coimbra o segundo ano do curso jurídico, seguia por sua própria conta, além das matérias que figuravam no currículo, cursos de Geometria, História, Física Experimental e Química.[4]

Com referência aos restantes, formados exclusivamente em humanidades, isto é, em Leis, Teologia e Artes, podemos opor 141 diplomados somente em ciências. Em dados globais, referentes às matriculas e aos cursos seguidos e não individualmente aos estudantes, desdobrando, portanto, o número dos que acumularam vários diplomas, temos que, dos 866 estudantes, oitocentos formaram-se em pelo menos um ramo das ciências; dentre os quais 450 em Matemática, 285 em Filosofia Natural e 65 em Medicina. Mas a maioria dos que deixaram obras escritas voltaram-se de preferência para as Ciências Naturais e a Medicina, predominando, pois, na literatura "científica" desse período, os estudos de Ciências Naturais, em detrimento de pesquisas nas Ciências Puras ou Exatas.

---

3 Morais, Francisco de. Lista dos estudantes brasileiros na Universidade de Coimbra. *Anais da Biblioteca Nacional*, v.62, p.141. Cf. também Morais, Francisco de. Estudantes da Universidade de Coimbra nascidos no Brasil. In: *Brasília*, suplemento ao volume 4. Publicação Comemorativa do 4º Centenário da Cidade de Salvador, 1949. p.260 ss.

4 Lisboa, Bento da Silva. Biografia de Baltazar da Silva Lisboa. *Revista do Instituto Histórico e Geográfico Brasileiro (RIHGB)*, 1840, v.2, p.384.

Diversos fatores gerais de condicionamento histórico, próprios de seu tempo, explicam essa preferência e, muito em particular, a tendência pragmática de suas mentalidades. "O grau de aplicação de uma ciência" – escrevia o brasileiro Alexandre Rodrigues Ferreira, em 1783 – "mede-se pela sua utilidade".[5] Voltava-se, nessa época, o conhecido zoólogo, mineralogista e etnógrafo, que comandou a primeira expedição científica a vir explorar o sertão brasileiro, de 1786 a 1792 (percorrendo os rios Amazonas, Negro, Branco, Madeira, Guaporé, a Serra de Cuamuru e de Cuiabá, retornando a Belém com uma coleção enorme e preciosa de espécimens da flora e fauna brasileiras), contra o amadorismo antieconômico e a moda, então corrente em Lisboa, de colecionar conchas.[6]

A mesma orientação caracteriza as obras de José Bonifácio. A primeira memória que escreveu para a Academia Real de Ciências de Lisboa tratava de aperfeiçoar a técnica da pesca da baleia,[7] e a epígrafe de seus trabalhos valorizava apenas aqueles estudos de que resultasse alguma utilidade para a sociedade. Para o patriar-

5 Corrêa Filho, Virgílio. *Alexandre Rodrigues Ferreira, vida e obra do grande naturalista brasileiro*. São Paulo: Companhia Editora Nacional, 1939. p.22; Souza, Antonio Candido de Mello e. *Formação da literatura brasileira*. São Paulo: Martins, 1959. v.I, p.245.

6 Ferreira, Alexandre Rodrigues. Abuso da Conchyologia em Lisboa para servir de introdução a sua Theologia dos Vermes (1781). Drummond, Antônio de Meneses Vasconcelos. Notícia dos escritos do Dr. Alexandre Rodrigues Ferreira. *RIHGB*, v.2, 1840, p.522.

7 Andrada e Silva, José Bonifácio. Memória sobre a pesca da baleia e extratos de seu azeite; com algumas reflexões a respeito das nossas pescarias. In: *Memórias econômicas da Academia Real das Ciências de Lisboa*, 1790. v.2, p.388. Ou em Andrada e Silva, José Bonifácio. *Obras científicas, políticas e sociais de José Bonifácio de Andrada e Silva* (coligidas e reproduzidas por Edgard de Cerqueira Falcão). Edição comemorativa do bicentenário de seu nascimento. Santos, 1964. v.I, p.24.

ca da nossa independência, o sentido vivo dos estudos científicos achava-se no fomento do progresso material e das condições de vida dos homens.[8] Assim é que, ao voltar a Portugal, depois de passar dez anos viajando e colecionando material para pesquisa em vários países da Europa, não pôde se contentar em lecionar na cadeira de Mineralogia, que fundou na Universidade de Coimbra. Era bem significativa a sua insatisfação. Queria algo de mais prático do que lecionar: a sensação da realização imediata e concreta.[9]

Do mesmo modo, nunca deixava frei José Mariano da Conceição Veloso, o autor da *Flora fluminense*, de salientar, na introdução a seus estudos, a utilidade da profissão de botânico "prático e ativo", conforme o prefácio de *Coleção de várias memórias sobre vinte e duas espécies de quina*,[10] ou como ressalta no início de *Memória sobre a quassia amarga e a simaruba*[11] a importância das ciências naturais para a medicina e para a economia rural. No que parece refletir, juntamente com outros contemporâneos, certas idéias expostas desde 1759 por Ribeiro Sanches sobre a conveniência do estudo da história natural para a medicina e para a incrementação da agricultura.[12] Em suas "Cartas sobre a

8 Sousa, Otávio Tarquínio de. *José Bonifácio (1763-1838)*. Rio de Janeiro: José Olympio, 1945, p.46.

9 Ibidem, p.50.

10 Veloso, José Mariano da Conceição (frei). *Quinigraphia portuguesa; ou Coleção de várias memórias sobre vinte e duas espécies de quina, tendentes ao seu descobrimento nos vastos domínios do Brasil, copiada de vários autores modernos*. Lisboa: Of. de João Procópio Corrêa da Silva, 1799.

11 Veloso, José Mariano da Conceição (frei). *Coleção de memórias sobre a quassia amarga e a simaruba (com estampas)*. Traduzida por ordem de S. A. R. Lisboa: Typ. Chalcographica e Literária do Arco do Cego, 1801.

12 Ribeiro Sanches, Antônio Nunes. Introdução ao método de estudar e aprender a medicina. In: *Obras*. Coimbra: Universidade de Coimbra, 1959. v.I, p.96. Em seus "Apontamentos para fundar-se uma Universidade Real na cidade do Reino", que

educação da mocidade", procurou o ilustre filósofo português elevar os valores chãos da burguesia, o trabalho, a indústria e o comércio ante o predomínio, extemporâneo em Portugal, do culto às tradições heróicas, dos valores aristocráticos da espada e da honra, voltando-se contra os privilégios dos nobres e eclesiásticos; queria promover o progresso da agricultura contra as leis "góticas" do reino, que a destruíam.[13] Para ele, os verdadeiros filósofos deveriam ser pragmáticos: "Os homens que decoraram a antigüidade com este título foram utilíssimos à sociedade ... O inútil não é filósofo: é um atrabiliário, é um fantástico, nutrido na soberba e formado na vaidade".

Filósofos como os estóicos, peripatéticos, epicúreos e pirrônicos tinham abusado "deste honorífico nome", retirando-se da sociedade, fundando seitas e consumindo tempo que deviam empregar "na utilidade do gênero humano, em controvérsias e inúteis disputas".[14]

Vimos como os estudiosos brasileiros dos fins do século XVIII tiveram suas obras marcadas por uma atitude idêntica. Imbuídos do mesmo estado de espírito, hão de procurar ser úteis e aproveitar "as luzes", voltando seus estudos principalmente para a agricultura: "uma vez que é constantemente sabido ser a Mãe

---

se achasse mais conveniente (1763), lembrava Ribeiro Sanches "a necessidade que tem o Reino de médicos versados na história natural para indagarem o que têm as nossas conquistas e colônias de útil para a Medicina, para as Artes e para o Comércio: método de que tem usado todas as nações da Europa com tanto aumento das ciências e dos estados. O que seria da incumbência da Universidade, e especialmente, do Colégio de Medicina, solicitar e promover esta sorte de viagens" (p.135).

13 Ibidem, p.260 ss.

14 Ibidem, p.8.

do gênero humano e a origem primária e inesgotável de toda a prosperidade pública...".

Tinham, além de tudo, a convicção de que ela contribuía mais do que qualquer outra atividade "tanto ao aumento da população como a um vantajoso e ativo comércio".[15]

Borges de Barros, futuro visconde de Pedra Branca, outra figura característica da época, também elevava os benefícios do trabalho, lembrando que

> as luzes espalham-se com ele.
> E a pátria enriquecendo a si e ao mundo,
> Deixa nos corações saudosa fama.
> População, Comércio, Artes, Ciências,
> Mudam, mudando de cultura as terras.
> Do Império a sorte está no arado,
> Não consiste na lança a força d'eles...[16]

As referências à figura do agricultor ilustrado, que viaja pela Europa procurando informar-se das últimas invenções e processos úteis que pudesse introduzir quando de volta à sua terra, torna-se comuns nos escritos da época. Ao propor o uso de trenéis, como meio de transporte na época da chuva no interior da Bahia, observava o mesmo Borges de Barros: "Eu sei com sumo gosto

---

15 Feijó, João da Silva. Memória sobre a capitania do Ceará. *O Patriota*, n.2, março e abril de 1814, p.21.

16 Borges de Barros. Vantagens da vida campestre: em resposta à carta, em que de Lisboa se despedia, devendo partir para a Bahia, Paulo José de Melo, escritas de Paris, aos 21 de maio de 1806 (*O Patriota*, n.5, maio de 1813, p.37). No número 4, de abril de 1813, p.6, exalta as plantas do Brasil num poema de despedida para o amigo Filinto Elísio, que de Paris voltava à pátria; no número 1, de janeiro e fevereiro de 1814, p.41, traduzia caracteristicamente uma passagem do livro II das *Geórgicas* de Virgílio.

que Alexandre Gomes Ferrão, agricultor distinto e que a bem d'Agricultura viajou grande parte da Europa, trazendo cópia de luzes à nossa Pátria, me precedeu, pondo os trenéis em prática e provando a sua vantagem".[17]

Queria ele mesmo ser útil à sociedade, donde a variedade de memórias que ofereceu para *O Patriota*[18] e a natureza didática de seus poemas:[19] "espero que a minha lembrança seja proveitosa e seguida pelos meus compatriotas: a bem dos quais consagrei e consagrarei sempre os meus estudos e desvelos".[20]

As suas contribuições para esse periódico são o reflexo de uma curiosa e sugestiva alternância de estado de espírito e interesse: ora traduzia uma passagem do poema da Imaginação de Delile[21] ora contribuía com uma memória sobre um método

---

17 *O Patriota*, v.4, abril de 1813, p.80.

18 Memória sobre a plantação e fabrico do uruçu. *O Patriota*, n.1, janeiro de 1813, p.34; Noções sobre a cultura e o fabrico do Anil. *O Patriota*, n.2, fevereiro de 1813, p.15; Notícia acerca de vários carros de transporte. *O Patriota*, n.4, abril de 1813, p.68; Memória sobre o café. *O Patriota*, n.5, maio de 1813, p.3; Sobre o meio empregado pelo chins para a propagação das árvores frutíferas. *O Patriota*, n.3, setembro de 1813, p.20; Sobre o método de branquear a cera em Limonges. *O Patriota*, n.3, setembro de 1813, p.49; Memória sobre os muros de apoio ou muros que servem para sustentar as terras. *O Patriota*, n.4, outubro de 1813, p.70.

19 Lê, consulta, medita, atende, estuda
O livro que a teus olhos patenteia:
Cumpre para atendê-lo sério estudo.
Arando as terras, examina os sulcos,
Semea, e da semente o curso espreita,
Que tempo que terreno mais lhe quadra,
Se o fundo, ou flor da terra mais deseja,
Se o norte lhe convém, se o sul, se o este ...
(Vantagens da vida campestre. *O Patriota*, n.5, maio de 1813, p.37).

20 *O Patriota*, n.4, abril de 1813, p.81.

21 *O Patriota*, n.4, outubro de 1813, p.70.

fácil e pouco dispendioso de desaguar ou esgotar as terras inundadas ou encharcadas.[22]

Esse pragmatismo tem sido apontado como um aspecto característico do português: "freqüentemente avesso à especulação desinteressada e raramente avesso a preocupações utilitaristas. Nada mais significativo dessa peculiaridade cultural" – escreve Sérgio Buarque de Holanda – "do que a chusma de naturais do Brasil que então se devotam afincadamente às *realidades práticas* e às próprias ciências aplicadas".[23]

A essa característica de toda uma cultura viriam somar-se vários fatores desde os tempos de Pombal e, sobretudo, no período joanino, uma inclinação geral própria do tempo, uma política de Estado bem determinada, e a identificação desses estudiosos brasileiros com os interesses materiais da elite rural brasileira. O estudo de sua formação e da sua obra oferece interesse especial não somente para a história científica, que hoje em dia, cada vez mais autônoma, tem sua metodologia e problemática fechadas aos leigos, como, principalmente, para a história social, política e cultural do Brasil no raiar do século XIX.

O papel da política de Estado nesse movimento de estudiosos, dedicados em sua maioria às ciências naturais, merece realce particular por suas múltiplas implicações, tanto na orientação dos estudos como na mentalidade dos principais políticos da

---

22 *O Patriota*, n.5, novembro de 1813, p.3.

23 Holanda, Sérgio Buarque de. Introdução às *Obras econômicas de Joaquim José de Azeredo Coutinho (1794-1804)*. São Paulo: Companhia Editora Nacional, 1966. p.14. (Coleção Roteiro do Brasil, sob a orientação de Rubens Borba de Moraes).

Independência. A publicação de memórias patrocinadas pela Coroa, sobretudo a partir de 1770, é fruto de uma política consciente e preocupada em fomentar a produção de matérias-primas para a industrialização de Portugal, em promover um renascimento da agricultura para compensar as oscilações dos rendimentos do "quinto", os inconvenientes de um sistema fiscal sobrecarregado e a baixa do preço do açúcar, em virtude da concorrência estrangeira e, sobretudo, a partir do último quartel do século, em aproveitar as novas perspectivas que a conjuntura internacional parecia apresentar para o Brasil em razão de desajustes ocasionados pela Revolução Francesa e pelas guerras napoleônicas. Data desse período a introdução do fumo da Virgínia na Bahia,[24] do arroz Carolina no Pará e Maranhão,[25] a tentativa de aclimação de uma série de produtos inteiramente

24 Em um ofício de 11 de maio de 1757 para o Marquês de Pombal, lembrava D. Marcos de Noronha e Brito, Conde dos Arcos, a conveniência de se mostrar ao lavrador "o método que se observa em Virgínia, Mariland (*sic*) e Olanda (*sic*), a respeito da cultura e preparo dos tabacos", referindo-se também à pressão dos franceses para que se cultivasse o rapé no Brasil. Pouco depois, foi enviado para Cachoeira, na Bahia, um certo André Moreno, encarregado de iniciar a preparação do tabaco em folha, a introdução da "cura seca", própria para os charutos, sendo franqueados trezentos alqueires de terra para a experiência. Em ofício de 14 de setembro de 1757, notificava-se o fato de André Moreno já estar preparando tabaco "à imitação do que se fabricava em Havana" (Nota de Rodolfo Garcia. In: Varnhagen, Francisco Adolfo de. *História geral do Brasil*. 5.ed. São Paulo: Melhoramentos, 1965. v.4, p.259).

25 Chermont, Teodósio Constantino de. Memória sobre a introdução do arroz branco no Estado do Grão-Pará (1785). *RIHGB*, v.48, 1874, p.79. Introduzido no Pará, em 1765, somente em 1770 viria para o Rio de Janeiro. Em 1792, Vieira de Abreu reivindicava para si a iniciativa de ter trazido o arroz Carolina do Pará para o Rio. Cf. Alden, Dauril. Manuel Luiz Vieira: an entrepreneur in Rio de Janeiro during Brazil's Eighteenth Century Agricultural Renaissance. *Hispanic American Historical Review*, v.39, novembro de 1959, p.131.

novos como o anil,[26] a cochonilha,[27] o cânhamo[28] e a fomentação de outros como o algodão, o cacau, o gengibre e o café, destinados a ensaiar a diversificação da agricultura.

Os pedidos de estudo de exemplares da flora brasileira e de se levantarem produtos interessantes e comerciáveis, até então ignorados ou inexplorados, que Pombal dirigiu aos governadores e capitães-generais das principais capitanias, foram o estímulo inicial para as ciências naturais do Brasil. As dificuldades dos portugueses em seus domínios do Oriente provocaram uma valorização crescente do Brasil, cuja natureza tropical e desconhecida parecia ofertar enorme manancial de tesouros ocultos. Essa política do governo foi posta em execução pelo vice-rei Marquês do Lavradio e por Luís de Vasconcelos e Sousa (1779-1790), transbordando a sua correspondência de ofícios e memórias a eles endereçadas por entusiastas locais. Foi por ordem deste último que frei Veloso iniciou suas incursões pelo interior do Rio, colecio-

---

26 O anil permaneceria isento de imposto de entrada e saída no Maranhão de 1764 a 1774 (Varnhagen, Francisco Adolfo de, op. cit., 1965, v.4, p.240).

27 Jacinto José da Silva Quintão rememora os trabalhos da Sociedade Literária e atribui a erros de técnica o fracasso da cultura da cochonilha, em sua "Memória sobre a cochonilha e o método de a propagar, oferecida aos lavradores brasileiros, por um patriota zeloso e amante da felicidade pública" (*O Patriota*, n.4, outubro de 1813, p.2). Seus argumentos foram rebatidos num número posterior de *O Patriota* pelo Dr. José Henriques Ferreira, que participara pessoalmente das reuniões semanais da Academia Científica do Rio de Janeiro. Cf. Sumário da história do descobrimento da Cochonilha no Brasil e das observações que sobre ela fez no Rio de Janeiro. *O Patriota*, n.1, janeiro e fevereiro de 1814, p.3.

28 Com a expedição de Alexandre Rodrigues Ferreira, veio um jardineiro encarregado de introduzir no Brasil a sementeira da árvore da teca e da planta do cânhamo (Varnhagen, Francisco Adolfo de, op. cit., 1965, p.274). A propósito da fomentação, experiências e inovações com matérias-primas no Brasil, ver os decretos na relação dos documentos do Arquivo da Marinha e Ultramar, publicada nos *Anais da Biblioteca Nacional*, v.31, 32, 34, 36, 37, 39, 46 e 50.

nando plantas para a *Flora fluminense.*[29] Baltazar da Silva Lisboa, recém-chegado ao Rio por essa época, como juiz de fora, também foi por ele incumbido de fazer exames de história natural na Serra dos Órgãos, onde permaneceu seis meses, remetendo em seguida muitos produtos para Lisboa, além de um mapa que fizera levantar daquela serra e dos "lugares mais notáveis" que visitara.[30]

Em troca de promessas de privilégios fiscais, de monopólios e preços especiais, apareceram de início memórias de cunho estritamente técnico, como a do empresário Manuel Luís Vieira, "Idéia da constituição e estudo da fábrica de descascar arroz", escrita no Rio, em julho de 1770, e endereçada ao Marquês do Lavradio, ou a sua "Brevíssima instrução para o uso dos fabricantes de anil" (1785). Os primeiros resultados da nova política foram memórias e experiências práticas de comerciantes e lavradores "ilustrados", como as do holandês João Hopman, que plantou o café no sul do Brasil, em sua chácara de Mataporcos, nos arredores do Rio, e ensaiou a cultura da amoreira, como outros tentariam a do cânhamo, a manufatura do anil, da seda e novos tipos de moinhos e engenhos de arroz e açúcar.[31]

---

29 Gama, José de Saldanha da. Biografia do botânico brasileiro frei José Mariano da Conceição Veloso. *Revista do Instituto e Geográfico Brasileiro*, v.37, 1868, p.143.

30 Lisboa, Bento da Silva, op. cit., 1840, v.2, p.385.

31 Antônio Gonçalves Pereira de Faria dedicou parte de sua vida a tentativas de plantar o cânhamo em Santa Catarina e no Rio Grande de São Pedro; Francisco José de Sampaio Peixoto inventou um novo processo para manufaturar o anil na capitania de São Paulo; no Pará, um engenheiro militar construiu vários tipos de engenho de arroz com força de escravos e de cavalos (Alden, Dauril, op. cit., 1959, p.537). Destacou-se também entre os lavradores ilustrados desse período, no norte do país, o irlandês Lourenço Belfort, que aclimatou com sucesso e fez a primeira exportação de arroz Carolina no Maranhão em 1767, distinguindo-se ainda pela criação do bicho da seda (Ferreira Reis, Arthur Cézar. O comércio colonial e as companhias privilegiadas. In: Holanda, Sérgio Buarque de (Org.) *História geral da civilização brasileira.* São Paulo: Difel, 1960. t.I, v.2, p.336-7).

Ao mesmo tempo que ativava os lavradores mais dinâmicos e ávidos de lucro com promessas de ganho, a Coroa procurou desenvolver na colônia o estudo "das ciências naturais, da Física, da Química e da Agricultura, da Medicina Cirúrgica e Farmácia", aprovando a fundação da Academia Científica do Rio (1772-1779). Entre os seus sócios fundadores, médicos e cirurgiões em sua maioria, constava um Antônio Castrioto, "curioso da agricultura". De fato, teria sido graças aos trabalhos dessa Academia que se difundiu no Rio de Janeiro a cultura do anil, do cacau, da cochonilha, do café e que começaram os levantamentos sistemáticos da flora brasileira. Sob os seus auspícios, publicaram-se em Lisboa alguns tratados de história natural do Brasil.[32]

Dissolvida em 1779, foi de certa forma reencarnada na Sociedade Literária (1786-1794), criada pelo Marquês do Lavradio a fim de promover a felicidade pública por meio da agricultura e desenvolver "idéias profícuas adormecidas em cabeças que pareciam obtusas e pouco científicas".[33] A Sociedade dedicou-se em seus primeiros anos quase que exclusivamente a assuntos "científicos" ou de ordem prática, como a observação de eclipses e as experiências com a tinta do urucu.[34]

> Ali não só se tratava de Filosofia, Matemática, Astronomia, modos de facilitar os trabalhos do agricultor, fazendo-lhe conhecer a qualidade do terreno para não ser infrutuosa a sua lavoura, como se tratava da saúde pública entre os médicos e cirurgiões peritos e dig-

32 Rodolfo Garcia lembra entre as iniciativas da Academia, além de uma Memória sobre a Cochonilha, um tratado de História Natural, Química, Agricultura, Artes e Medicina, publicados em 1790 em Lisboa (Varnhagen, Francisco Adolfo de, op. cit., 1965, v.4, p.265).

33 *O Patriota*, n.4, outubro de 1813, p.12.

34 Varnhagen, Francisco Adolfo de, op. cit., 1965, v.4, p.265.

> nos de serem membros daquela sociedade; respondendo a consultas, decidiam questões sobre as moléstias que grassavam, analisando águas e mais substâncias necessárias à vida do homem...[35]

Em fins do século XVIII, foi decretada a fundação de um horto botânico na Bahia[36] que não chegou a concretizar-se. No Rio de Janeiro, Luís de Vasconcelos organizou a Casa dos Pássaros, onde pretendeu fundar um Museu Natural.[37]

O fomento e a difusão dos estudos naturais na colônia, até então tidos como "suspeitos e ignóbeis", constituíam fenômeno inteiramente revolucionário se o confrontarmos com os moldes do ensino jesuítico que predominava até o momento. Particularmente interessante e digna de nota foi a fundação, em 1798, do Seminário de Olinda, pelo bispo D. José Joaquim de Azeredo Coutinho, com um currículo inteiramente voltado para a modernização do ensino, dando ênfase especial à Botânica e à Mineralogia.[38]

Fora simultânea às providências na colônia a reforma da Universidade de Coimbra, segundo os princípios preconizados desde 1761 por Ribeiro Sanches[39] e por Luís Antônio Ver-

35 *O Patriota*, n.4, outubro de 1813, p.13.

36 Amaral, Luís. *História geral da agricultura no Brasil*. São Paulo: Companhia Editora Nacional, 1958. v.1, p.241.

37 Oliveira Lima, Manuel de. *D. João VI no Brasil*. Rio de Janeiro: José Olympio, 1945. v.1, p.230.

38 Sobre o Seminário de Olinda, a introdução do ensino das ciências a favorecer o devassamento das riquezas naturais do interior de Pernambuco e o estudo mais objetivo dos problemas econômicos, ver Oliveira Lima, Manuel de. *Pernambuco e seu desenvolvimento histórico*. Leipzig: Brockhaus, 1894. p.320; Azeredo, Fernando de. *A cultura brasileira*. 4.ed. Brasília: Editora da UnB, 1963. p.557-9.

39 "Quero introduzir na melhor porção da Nação Portuguesa o método de comparar os efeitos para vir no conhecimento das suas causas e de comparar e combinar estas para prever e conhecer os efeitos que delas se poderão seguir: que este foi o método de Bacon, Verulâmio, Locke e Descartes, autores hereges e não sem

ney,[40] introduzindo em Portugal o estudo das ciências experimentais, que marcaram o eco retardado da cultura ocidental do século XVIII naquele reino.[41] Durante os primeiros dez anos que se seguiram à reforma, 238 brasileiros diplomaram-se em Matemática, Ciências Naturais e Medicina, para 157 em humanidades (principalmente Leis). E na década seguinte, isto é, de 1782 a 1792, assinalaram-se 192 diplomados em ciências para 105 em Leis, do que se pode inferir a atração crescente exercida pelos estudos científicos.

No período entre 1794 e 1804, os cursos de Ciências Naturais foram mais freqüentados (84 estudantes) do que os de Matemática (75 estudantes) e o de Medicina (dez estudantes).[42] Foi sugestiva da orientação prática desses estudos a obra de Baltazar da Silva Lisboa, *Discurso histórico político e econômico dos progressos e estado atual da Filosofia Natural em Portugal, acompanhado de algumas reflexões sobre o Estado do Brasil* (Lisboa, 1786), demonstrando a finalidade de desenvolvimento e de "progresso técnico" a que se destinavam tais estudantes.

---

nota de Ateísmo" (Ribeiro Sanches, op. cit., 1959, v.1, p.1-2). Ver também suas Cartas sobre a educação da mocidade", a passagem em que descreve um gabinete ou laboratório de ciências experimentais e as vantagens do aprendizado da história natural para a medicina, as artes liberais e mecânicas (p.327-8).

40 Moncada, Luís Cabral de. *Um iluminista português do século XVIII: Luís Antônio Verney*. Coimbra, Arménio Amado, 1941.

41 Cf. Cidade, Hernani. *Lições de cultura e literatura portuguesa*. Coimbra: Coimbra Editora, 1958; Cortesão, Jaime. *Alexandre de Gusmão e o Tratado de Madrid*. Rio de Janeiro: Instituto Rio Branco – Ministério das Relações Exteriores, 1958; Dias, José Sebastião da Silva. Portugal e a cultura européia. *Biblos (Coimbra)*, v.28, 1952, p.456. Mesmo entre professores e alunos universitários, era pequena, até 1777, a porcentagem de portugueses interessados em assuntos científicos (Marques, Maria Adelaide Salvador. *A Real Mesa Censória e a cultura nacional*. Aspectos da geografia cultural portuguesa no século XVIII. Coimbra, 1963. p.76). As obras de filosofia, ciências e matemáticas aparecem em geral em lugar secundário nas listas das bibliotecas portuguesas levantadas pela Mesa Censória de 1768 a 1770, predominando nas de elementos ligados ao Exército, artista ou nobres (p.93).

42 Cf. nota 3.

A Coroa tratou de incentivar e de aproveitar os bacharéis brasileiros: em 1799, conferia bolsas para formação de dois engenheiros topográficos, dois hidráulicos, um contador e dois médicos.[43] A certa altura das *Instruções do ministro Martinho de Melo e Castro para o vice-rei Luis de Vasconcelos*, acha-se uma referência, bastante sugestiva, a um certo bacharel Joaquim de Amorim de Castro, que não deveria ser deixado no esquecimento, pois dedicara-se com o maior zelo ao fomento da cultura e fabrico do fumo em Cachoeira, na Bahia, onde era juiz de fora.[44] Amorim de Castro distinguira-se em Coimbra, e seus escritos comprovam o esforço de aplicação prática dos conhecimentos adquiridos, bem característico de sua época. Em Lisboa, na Academia Real de Ciências, publicou uma memória sobre a cochonilha e outra sobre o malvaísco do distrito da Vila de Cachoeira. Dirigiu também ao Marquês do Lavradio uma "Relação das madeiras descritas que se encontravam no termo da Vila da Cachoeira", que permanece manuscrita, assim como sua "História natural do Brasil segundo o Sistema de Lineu".[45]

Em 1796, D. Rodrigo de Souza Coutinho, absolutista ilustrado, incansável homem de projetos e reformas, tornou-se

---

43 Rizzini, Carlos, *Hipólito da Costa e o Correio Braziliense*. São Paulo: Companhia Editora Nacional, 1957. p.57.

44 Varnhagen, Francisco Adolfo de, op. cit., 1965, v.4, p.288.

45 Castro, José de Amorim. Memórias sobre a cochonilha do Brasil. *Memórias econômicas da Academia Real de Ciências de Lisboa*, 1790. v.2, p.135, e também como suplemento *à Memória sobre a fundação e custeio de uma fazenda na Província do Rio de Janeiro* pelo Barão do Paty do Alferes. 2.ed. Rio de Janeiro, 1863; Memória sobre o malvaisco do distrito da vila da Cachoeira. *Memórias econômicas da Academia de Ciências de Lisboa*, 1791, v.3, p.391; História natural do Brasil segundo o sistema de Lineu, *Memórias econômicas da Academia de Ciências de Lisboa*, 1798. v.1. E dos manuscritos no Instituto Histórico e Geográfico Brasileiro: Relação das madeiras descritas que se compreendem no termo da Vila da Cachoeira e Representação contendo observações sobre a agricultura e manufatura do tabaco.

ministro de D. Maria I, e toda uma equipe de bacharéis e cientistas brasileiros passou a se agitar em torno dele, em razão de uma política de renovação da agricultura e da introdução de novas técnicas rurais.[46]

> Animar as culturas existentes e naturalizar no Brasil todos os produtos que se extraem de outros países, deve ser outro grande projeto do Legislador Político, unindo-lhe também o cuidado de segurar-lhes com a mais extensa navegação o seu comércio, na Europa, por meio da Metrópole e, nas outras partes do mundo, por meio de outros domínios que a nossa Real Coroa possui...[47]

Nesse intuito, mandava pedir aos governadores das capitanias relatórios sobre os processos empregados no preparo e cultivo dos gêneros exportáveis;[48] ordenava que se procedessem

46 "A nenhum outro português mais de que a D. Rodrigo de Souza Coutinho deve o Brasil tantos cuidados e iniciativas úteis" (Mendonça, Marcos Carneiro de. *O intendente Câmara*. São Paulo: Companhia Editora Nacional, 1958. p.193).

47 D. Rodrigo de Souza Coutinho. *Sistema Político que mais convém que a nossa coroa abrace para a conservação dos seus vastos domínios particularmente dos da América* (1798) (apud Mendonça, Marcos Carneiro de, op. cit., 1958, p.284). D. Rodrigo de Souza Coutinho julgava mais vantajoso desenvolver a agricultura do que a indústria no Brasil: "que artes pode o Brasil desejar por muitos séculos, quando as suas minas de ouro, diamante, etc., as suas matas e arvoredos para madeiras de construção, as indústrias já existentes e que muito podem aperfeiçoar-se, quais o açúcar, o cacau, o café, o índigo, o arroz, o linho cânhamo, as carnes salgadas, etc., e as novas culturas de canela, do cravo da Índia, da noz moscada, da árvore-pão lhe prometem justamente, com a extensão da sua navegação, uma renda muito superior ao que jamais poderiam esperar das manufaturas e artes que muito mais em conta, por uma política bem entendida, podem tirar da Metrópole?" (p.285).

48 Em um ofício de Antônio Manuel de Melo Castro e Mendonça para D. Rodrigo de Souza Coutinho, datado de 8 de janeiro de 1880, comunicava o governador da Capitania de São Paulo que estava providenciando o relatório sobre os processos empregados na lavoura (*Documentos Interessantes*, v.29, p.142), tarefa que lhe parecia cheia de dificuldades dada a variedade de condições locais e métodos usados e a "necessidade de repetidas análises e um maduro exame comparativo

a levantamentos de plantas nativas a serem remetidas para o Reino[49] e às explorações mineralógicas;[50] prometia prêmios aos lavradores mais industriosos;[51] tratava de promover a introdução do arado[52] e a cultura de novos gêneros.[53] Ordenava medidas

dos princípios..." (v.29, p.146-7). Ver também as "Reflexões sobre o estado em que se acha a agricultura na Capitania de São Paulo" (1788), do marechal José Arouche de Toledo Rendon (v.44, p.195).

49 Ofícios de Antônio Manuel de Melo Castro e Mendonça: de 24 de janeiro de 1880 (*Documentos Interessantes*, v.29, p.169; v.30, p.52); ofício de 19 de agosto de 1797 (v.29, p.7); ofício de 16 de agosto de 1798, em que comunica haver ordenado aos capitães-mores que lhe remetessem amostras de todos os produtos naturais e barreiros salgados da capitania (v.29, p.75); ofício de Antônio José da Franca e Horta, ordenando a Martim Francisco Ribeiro de Andrada que providenciasse a remessa de plantas nativas ou "bravas" do interior ou da "marinha", de Santos, 4 de maio de 1803 (v.55, p.82); resposta a outro aviso de 8 de janeiro de 1804, ordenando as remessas das sementes para o reino (v.57, p.95) etc.

50 Ofícios de Antônio Manuel de Melo Castro e Mendonça para D. Rodrigo de Souza Coutinho: de 19 de agosto de 1797 sobre a vinda de João Manso Pereira (*Documentos Interessantes*, v.29, p.7-8); ofício de 20 de novembro de 1797 (v.29, p.42); de 16 de agosto de 1798 (v.29, p.65); carta do vice-rei Conde de Resende para Antônio Manuel de Melo Castro e Mendonça, datada de 31 de outubro de 1797, sobre vinda de João Manso Pereira para a capitania de São Paulo (v.39, p.194-5); Antônio José da Franca e Horta comunicando a Martim Francisco um aviso régio de 24 de dezembro de 1810 e pedindo para que remetesse ao gabinete mineralógico do Arsenal Real da Corte do Rio de Janeiro "todos os minerais que se puderem descobrir nessa capitania" (v.59, p.98-9); licença para o inglês Jorge Walles percorrer a capitania "para pesquisar objetos de mineralogia em que é versado", datada de 7 de fevereiro de 1822 (v.36, p.152).

51 Ofício de Antônio José da Franca e Horta para o capitão-mor da cidade de São Paulo, datado de 9 de outubro de 1810 (*Documentos Interessantes*, v.59, p.110). Ver também a "Memória apresentada ao governador de São Paulo Antônio José da Franca e Horta pelo seu antecessor Antônio Manuel de Melo Castro e Mendonça, a 28 de dezembro de 1802" (v.44, p.142) etc.

52 Ofício de Antônio Manuel de Melo Castro e Mendonça para D. Rodrigo de Souza Coutinho sobre as dificuldades para a introdução do arado na capitania de São Paulo. *RIHGB*, v.12, 1849, p.268; *Documentos Interessantes*, v.23, p.2-3; v.29, p.142; v.39, p.28-9; v.44, p.146 e 191.

53 Ofício de 20 de novembro de 1797 sobre as árvores da quina (*Documentos Interessantes*, v.29, p.42); ofício de 20 de abril de 1798, incentivando a produção de farinha de mandioca nas vilas próximas ao mar a fim de serem exportadas para o

para aumentar o comércio interno e o de exportação incentivando, por exemplo, a produção da farinha de mandioca para ser enviada à metrópole,[54] ou concedendo, mais tarde, em 1810, licença para comerciantes ingleses se estabelecerem em Santos e São Sebastião, a fim de *dar novo impulso à exportação de todo o gênero de mantimentos de que certamente há de resultar para os lavradores grande interesse pela diferença de preços, porque lhe hão de pagar o milho, feijão, arroz, farinhas, azeites de mamona, amendoim, toucinhos, carnes de porco etc.*[55]

A melhoria da produção subentendia uma política de ilustração e de incentivo ao progresso. A tipografia do Arco do Cego foi fundada em 1798 com a finalidade de divulgar conhecimentos de ciências naturais e de agricultura,[56] uma vez que razão,

---

reino, principalmente em Paranaguá de onde era enviada para a Bahia (v.29, p.55); ofício de 16 de janeiro de 1800 sobre as dificuldades de promover a cultura de linho-cânhamo em Paranaguá e Curitiba (v.29, p.145 e 156); "memória sobre a plantação e cultura do chá e sua preparação até ficar em estado de entrar no comércio", pelo marechal José Arouche de Toledo Rendon, escrita em São Paulo, 7 de setembro de 1833 (v.29, p.169; v.44, p.219); memória do mesmo autor sobre a "extração do azeite da semente do chá" (v.44, p.242); carta do vice-rei Conde de Resende para Antônio Manuel de Melo Castro e Mendonça, datada de 18 de setembro de 1798, sobre a conveniência de se tentar aclimatar o cânhamo em São Paulo por ser "tão necessário ao consumo da Marinha Real e Mercante de S. M." (v.39, p.28-9 e p.163-4, "além das vantagens que se reconhecem pela reciprocidade do comércio nacional e mortalização de sua dependência para com os estrangeiros".

54 Ofício de 20 de abril de 1798 sobre as providências para o incentivo da produção da farinha de mandioca nas vilas do litoral a fim de ser exportada para o reino (*Documentos Interessantes*, v.29, p.42 e 30, p.122 – Ofício de 15 de dezembro de 1801).

55 Ofício de Antônio José da Franca e Horta para o capitão-mor da vila de São Paulo datado de 9 de outubro de 1810 (*Documentos Interessantes*, v.59, p.110).

56 Frei Veloso, encarregado de dirigir os trabalhos dessa editora, foi morar em casa do Conde de Linhares (Lagos, Manuel Ferreira. Biografia de frei José Mariano da Conceição Veloso. *RIHGB*, v.2, 1840, p.603).

natureza e prática deveriam compor forças para o bem da sociedade. Daí a publicação de uma série de traduções e tratados sobre a cana-de-açúcar, o algodão, as bebidas "alimentosas", as especiarias da Índia e as novas técnicas agrárias, que formaram os onze volumes do *Fazendeiro do Brasil*,[57] os quais eram sistematicamente enviados por D. Rodrigo a fim de serem distribuídos entre os lavradores dos confins do sertão da colônia.[58]

Bem ilustrativa do ânimo desse ministro foi uma sua carta a D. Fernando José de Portugal, datada de 5 de outubro de 1795, em que recomendava: "Veloso e outros naturalistas que viajam por ordem de S. M.", agradecendo de antemão toda atenção que lhes pudesse proporcionar; referia-se aos modelos descritos no *Fazendeiro do Brasil* a serem utilizados para as inovações nas fornalhas dos engenhos e lembrava ainda outros livros e impressos que lhes vinha remetendo com modelos para arados etc.[59] Data

57 *Fazendeiro do Brasil, melhorado na Economia Rural dos Gêneros já Cultivados, e de outros que se podem introduzir; e nas fábricas que lhe são próprias, segundo o melhor que se tem escrito a este assunto, coligido de memórias estrangeiras*, por Frei José Mariano da Conceição Veloso, Lisboa 1798-1806, em onze volumes sobre a cultura e fabrico da cana, a tinturaria e o índigo; a cultura do cateiro e criação da cochonilha; sobre as bebidas alimentosas; tradução de uma história do café em São Domingos; sobre o cacau, as especiarias etc.

58 Nos *Documentos Interessantes*, encontram-se vários ofícios de Antônio Manuel de Melo Castro e Mendonça a D. Rodrigo de Souza Coutinho, comunicando o recebimento de livros remetidos pela Secretaria dos Negócios da Marinha e Ultramar para serem vendidos entre os lavradores a fim de cobrir as despesas com sua impressão: v.29, p.40 (21 de novembro de 1797); v.29 p.146-7 (9 de janeiro de 1800); v.29, p.148 (10 de janeiro de 1800); v.29, p.156 (16 de janeiro de 1800); v.29 p.168-9 (24 de janeiro de 1800); v.30, p.3 (11 de novembro de 1800); v.30, p.4 (11 de novembro de 1800); v.30, p.22 (5 de janeiro de 1800); v.30, p.36 (17 de janeiro de 1801); v.30, p.22 (18 de janeiro de 1801); v.30, p.146 (6 de fevereiro de 1802); v.44, p.142.

59 Silva, Ignácio Accioli de Cerqueira e. *Memórias históricas e políticas da Bahia* anotadas por Brás do Amaral. 6v. Bahia: Imprensa Oficial, 1921-1940. v.III, p.208.

dessa mesma época, um ofício do governador da capitania de São Paulo, Antônio Manuel de Melo Castro e Mendonça, em que ele fazia referência ao recebimento de "sessenta volumes de modo de fazer açúcar",[60] e um outro recomendando, aos lavradores paulistas, a leitura e o aproveitamento do *Fazendeiro do Brasil* para apressar o desenvolvimento da lavoura do açúcar, "ligando todos os processos dela com uma esclarecida teoria", no que bem exprime a mentalidade do Século das Luzes.[61]

A estreita ligação entre essa mentalidade e a política de estado da ilustração, que a punha em prática, foi muito bem esclarecida por certas palavras de D. Rodrigo de Souza Coutinho, nas instruções para Manuel Ferreira da Câmara:

> Tenha sempre presente aquele princípio de eterna verdade, que minas e bosques necessitam ser regulados por princípios científicos, em que se ache calculada a utilidade geral e não abandonados a interesse de particulares que nestes casos, e só neles, contraria ou ao menos para contrariar a pública utilidade, formando uma notável exação dos princípios da Economia Política.[62]

Dentro dessa orientação oficial, recebia o governador da Capitania de São Paulo folhetos e memórias sobre as árvores açucareiras em geral, sobre os tipos de açúcar fabricados no Rio de Janeiro, sobre a cultura da batata, do anil, do café, da canela de Goa, do cravo giroflê, da urumbeba; sobre o algodoeiro, a cultura do linho e do cânhamo; sobre as variedades da quina, a respeito

60 *Documentos Interessantes*, v.29, p.146-7.

61 *Documentos Interessantes*, v.44, p.193-4. Cf. Queiroz, Suely Robles Reis de. *Algumas notas sobre a lavoura do açúcar em São Paulo no período colonial*. São Paulo, 1966. Dissertação (Mestrado) – Universidade de São Paulo.

62 Mendonça, Marcos Carneiro de, op. cit., 1958, p.88.

de álcalis fixos e iluminados; sobre os métodos agrícolas usados na América do Norte e livros de natureza mais técnica sobre processos de estamparia, construção de prédios rurais, e preparo do queijo de Roquefort; a arte de fazer cola; o preparo do fumo; tratados de mineralogia e sobre o extrato e preparo do salitre; estudos de Botânica, tratados de Medicina (tratamento de moléstias intestinais, o método de prevenir a peste,[63] sobre os principais lazaretos etc.). Variedade de assuntos que refletiam a amplitude de projetos e do surto de desenvolvimento ensaiado nesse período.

Não se trata neste trabalho de julgar o valor prático e o resultado concreto dessas tentativas de inovações, sobretudo nos métodos agrícolas, mas de assinalar a política de incentivo e o aproveitamento dos estudiosos brasileiros pela Coroa portuguesa. Dos prefácios aos numerosos tratados de história natural e de memórias sobre técnicas rurais saídas a lume nesse período, verifica-se que incumbiam de missões os jovens naturalistas saídos de Coimbra ou de outras universidades européias para levar a cabo uma política mais ativa de exploração e de renovação da agricultura tradicional. Arruda Câmara voltou para Pernambuco em 1796, encarregado de examinar as nitreiras da capitania e as minas de cobre e salitre em Jacobina.

No ano seguinte, encarregado de estudar as vantagens do cânhamo sobre o algodão, dizia-se Arruda Câmara honrado por estar "empregado no serviço de S. M. na indagação dos produtos de História Natural do seu país".[64] José de Sá Bittencourt e Accioli também foi encarregado por D. João VI, em 1798, de "exames de

63 Ofício de 21 de novembro de 1797 (*Documentos Interessantes*, v.29, p.40).

64 Arruda Câmara, Manuel. Memória sobre a cultura dos algodoeiros. *O Patriota*, n.2, fevereiro de 1813, p.33.

História Natural" – estudos agronômicos, diríamos hoje –, assim como de pesquisas mineralógicas, na capital da Bahia, escrevendo uma memória sobre o plantio do algodão e a conseqüente decadência da plantação de mandioca na vila de Camamu[65] e outra, ainda inédita, sobre "os meios econômicos de realizar a extração do salitre dos Montes Altos, no interior da Bahia".[66]

Por essa mesma época, D. Rodrigo de Souza Coutinho dirigia ofícios aos senados da câmara de várias capitanias, pedindo estudos sobre a aclimação das plantas e especiarias que vinha remetendo para o Brasil, de que resultaram várias memórias dirigidas ao Senado da Câmara do Rio de Janeiro em 1798, sobre a caneleira e outras culturas.[67] Em 1797, escrevia D. Rodrigo para os conventos do Rio de Janeiro, pedindo que cultivassem em suas hortas as plantas indicadas em lista anexa por frei Veloso e, novamente em 1798, mandava instruções de como deveriam os padres fazer para remetê-las no navio para Lisboa.[68]

No mesmo ano, o jovem Hipólito da Costa foi enviado para os Estados Unidos a fim de estudar os métodos de cultivo da Virgínia

---

65 Bittencourt, José de Sá. *Memória sobra a plantação dos algodões e sua exportação; sobre a decadência da lavoura de mandioca no Termo da Vila de Camamu, Comarca dos Ilhéus, governo da Bahia*, apresentada e oferecida a S. A. R. o Príncipe do Brasil, Nosso Senhor. Lisboa: na Oficina de Simão Tadeu Ferreira, 1798.

66 Cópia de um ofício dirigido a D. Rodrigo de Souza Coutinho em 1799, que se encontra no Arquivo Nacional, Seção Histórica, v.5 (apud Mendonça, Marcos Carneiro de, op. cit., 1958, p. 10). Ver também a biografia de José de Sá Bittencourt e Accioli na *RIHGB*, v.6, 1844, p.107.

67 Cite-se, por exemplo, a *Memória sobre a canela do Rio de Janeiro*, por Bernardino Antônio Gomes, escrita a pedido do Senado da Câmara do Rio de Janeiro em 1798 e a ela oferecida. Rio de Janeiro: Impressão Régia, 1809; ou o *Modo de cultivar a caneleira, extrair e preparar a sua casca, óleos, cânfora... resumido da memória que se conserva no arquivo do Senado da Câmara do Rio em 1798*. Rio de Janeiro: Impressão Régia, 1809 etc.

68 Gama, José de Saldanha da, op. cit., 1868, p.172-3.

e da Carolina, "que fossem aplicáveis ao Brasil", de que dá contas em seu *Diário de minha viagem a Filadélfia*.[69] Outro bacharel de Coimbra, Francisco Vieira Goulart, foi encarregado por um Aviso de 6 de dezembro de 1796 de vir indagar os produtos naturais e fazer uma descrição político-econômica da capitania.[70] Por um Aviso de 10 de novembro do mesmo ano, também fora enviado para São Paulo em "semelhante diligência" João Manso Pereira, inicialmente encarregado de ir para Sorocaba, Itu e Curitiba explorar as nitreiras naturais da capitania e depois examinar uma nova mina de prata descoberta em Abaeté, em Minas Gerais.[71] Ambos se ocupariam de toda uma variedade de missões.[72]

---

69 Pereira, Hipólito José da Costa. *Diário de minha viagem à Filadélfia*. Rio de Janeiro: Academia Brasileira de Letras, 1955. E também do mesmo autor: Memórias sobre a viagem aos Estados Unidos. *RIHGB*, v.21, 1858, p.351. (manuscrito oferecido ao Instituto Histórico por Manuel Ferreira Lagos).

70 *Documentos Interessantes*, v.29, p.7-8.

71 Carta do vice-rei Conde de Resende a Antônio Manuel de Melo Castro e Mendonça, datada de 31 de outubro de 1797 (*Documentos Interessantes*, v.39, p.144-5).

72 Francisco Vieira Goulart ganhava como naturalista uma pensão de 300$000 anuais. Antônio Manuel de Melo Castro e Mendonça o incumbiria de inúmeros outros trabalhos de exploração, levantamento e estudos, "por não ter nesta Capitania outra pessoa de igual préstimo, capacidade e conhecimentos desinteressados" (ofício para D. Rodrigo de Souza Coutinho, datado de 27 de fevereiro de 1801, *Documentos Interessantes*, v.30, p.32). Em 1798, descobria salitre em Morro Branco a seis ou sete léguas de São Paulo e levava um mapa das matas de Iguape (v.29, p.65). João Manso Pereira que recebia inicialmente o mesmo ordenado que lhe dispensavam no Rio de Janeiro como professor de latim (v.29, p.7-8) descobriu salitre em um dos barreiros junto à Vila de Castro; extraiu vitríolo e pedra-ume em Taubaté, de onde continuou sua explorações até a Serra do Mar, descobrindo ferro em Ubatuba e São Sebastião (v.29, p.65); pela Carta Régia de 19 de agosto de 1799 recebeu ordens de proceder "a exames e demarcação das matas para as carvoarias e mais necessários estabelecimentos para a fábrica de ferro de Varassoyava" (v.29, p.185), de cuja direção, no entanto, foi substituído no ano seguinte por Martim Francisco, nomeado diretor-geral das minas de ouro, prata e ferro, pela Carta Régia de 17 de agosto de 1801 (v.30, p.174).

João Manso Pereira também redigiu uma memória sobre o método mais econômico de transportar aguardente para Portugal;[73] no ano seguinte, encarregado "de exames de história natural", escrevia observações sobre reforma dos alambiques nos engenhos da mesma capitania.[74] Novamente em São Paulo, em 1800, estudava a utilidade da nitreira artificial de Santos.[75] Com base nessa mesma orientação oficial, José Gregório de Morais Navarro, de Minas Gerais, publicou, em 1790, seu *Discurso sobre o melhoramento da economia rústica do Brasil pela introdução do arado, reforma das fornalhas e conservação de seus matos*,[76] que é parte da coleção de volumes do *Fazendeiro do Brasil*. Baltazar da Silva Lisboa, quando ouvidor da comarca de Ilhéus, na Bahia, foi encarregado por D. Rodrigo de Souza Coutinho da inspeção do corte das ma-

73 Pereira, João Manso. *Memória sobre o método econômico de transportar para Portugal a água-ardente do Brasil, com grande proveito dos fabricantes e comerciantes, apresentada e oferecida a Sua Alteza o Príncipe do Brasil, Nosso Senhor*. Lisboa, Oficina de Simão Tadeu Ferreira, 1798.

74 Pereira, João Manso. *Memória sobre a reforma dos Alambiques ou de um próprio para a distilação das águas ardentes oferecida a Sua Alteza Real o Príncipe do Brasil, Nosso Senhor*. Lisboa: Oficina Patr. de João Procópio Correa da Silva, Ano de MDCCXCVII. Com licença de Sua Majestade. E também: *Memória sobre uma nova construção do alambique para se fazer toda a sorte de destilações com maior economia e maior proveito no resíduo. Sobre a distilação das águas ardentes* (traduzida do francês por P. J. P. de A., acrescentada e ilustrada com as notas de João Pereira Manso. Lisboa: Impressão Régia, 1805). Em carta para o governador da capitania, João Manso Pereira reclamava de modo pitoresco as péssimas condições de pagamento em que trabalhava; lembrava como essa sua invenção fora útil para muitos lavradores: "que só eu me queixo do meu alambique, porque faz a minha algibeira semelhante ao seu gargalo, destilando cobre, prata e ouro" (*Documentos Interessantes*, v.29, p.8).

75 Cópia de uma *Carta sobre a Nitreira Artificial estabelecida na Vila de Santos da Capitania de São Paulo, dirigida a esta Corte...* Lisboa: Oficina da Casa Literária do Arco do Cego, MDCCC.

76 Publicado por frei José Mariano da Conceição Veloso. Lisboa: Oficina de Simão Tadeu Ferreira, 1799.

deiras que eram consideradas uma fonte preciosa de riquezas, sobretudo as utilizadas para a fabricação de navios; partindo para estudos ecológicos locais, tombou as matas que deveriam pertencer à Coroa e escreveu a *Physica dos Bosques de Ilhéus*.[77] Apresentou mais tarde a uma junta especial criada pelo mesmo ministro um plano de racionalização do corte, com esboço de uma nova regulamentação.[78]

João da Silva Feijó, natural do Rio de Janeiro e professor de Química na Academia Militar, escreveu uma "Memória econômica sobre a Capitania do Ceará", onde esteve empregado em "explorações filosóficas".[79] José Vieira Couto e José Teixeira da Fonseca Vasconcelos foram indicados por um Aviso de 18 de março de 1797 de D. Rodrigo de Souza Coutinho para Bernardo José de Lorena, então governador de Minas, para "dar as informações mais circunstanciadas sobre as minas daquele país, como também do partido que delas se pode tirar".[80] Manuel Ferreira da Câmara Bittencourt e Sá, o futuro intendente-geral das minas de ouro e diamantes, voltaria ao Brasil em 1800, encarregado de consolidar o estabelecimento das nitreiras e zelar pelo aper-

77 Lisboa, Baltazar da Silva. Physica dos Bosques de Ilhéus. Manuscrito do Instituto Histórico e Geográfico Brasileiro; cf. Blake, Augusto Vitorino Alves Sacramento. *Dicionário bio-bibliográfico brasileiro*. Rio de Janeiro: Tip. Nacional, 1833. v.I, p.377.

78 Lisboa, Bento da Silva, op. cit., 1840, p.395.

79 "Memória sobre a Capitania do Ceará, escrita por ordem superior", pelo sargento-mor João da Silva Feijó, naturalista encarregado por S. A. R. das investigações filosóficas da mesma capitania. *O Patriota*, n.1, janeiro e fevereiro de 1814, p.46.

80 Mendonça, Marcos Carneiro de, op. cit., 1958, p.176-7. Ver Couto, José Vieira. Memória sobre a capitania de Minas Gerais, seu território, clima e produções metálicas: sobre a necessidade de se restabelecer a mineração decadente do Brasil; sobre o comércio e exportação dos metais e interesses régios (1801). *RIHGB*, v.2, 1840, p.289-313, Freire, Basílio Teixeira Cardoso de Saavedra. Informação da capitania de Minas Gerais (1805). *Revista do Arquivo Público Mineiro*, ano II, p.673. (A memória de Fonseca Vasconcelos está citada na nota 86).

feiçoamento da cultura de subsistência, principalmente da mandioca, de que estava incumbido seu irmão, assim como de tratar da introdução de novas plantas e especiarias: segundo instruções de D. Rodrigo, deveria ele entender-se com o diretor do Jardim Botânico da Bahia para fazer vir do Pará a fruta-pão, a cochonilha, o linho cânhamo e especiarias como a pimenta e a canela; deveria também fazer experiências com as sementes da árvore da teca, que era "excelente para as construções navais". Na Bahia, onde permaneceu até 1807, quando foi incumbido de inspecionar as minas do Tijuco e Vila Rica, ocupou-se também do melhoramento da cultura do açúcar, em divulgar métodos adiantados de cultivo e adubagem, assim como de novos processos para máquinas e fornos, conforme especificavam sua instruções.

Por meio de cartas, D. Rodrigo procurava animá-lo em suas tentativas de fazer adotar entre os senhores de engenho "o melhor método de suprir as serpentinas para as destilações" (24 de setembro de 1802) e de aproveitar melhor o combustível na cristalização do açúcar, de modo a diminuir o seu consumo (4 de fevereiro de 1803).[81]

Em uma memória escrita em 1802 para Franca e Horta, que o sucedia no governo de São Paulo, referia-se Melo Castro e Mendonça a uma nova contribuição literária "mandada estabelecer para a manutenção dos mencionados engenheiros, topógrafos, médicos, cirurgiões e contadores".[82]

Incontáveis projetos, atribuições de estudos, pedidos de levantamentos eram endereçados à colônia nessa fase de atividade

---

81 Mendonça, Marcos Carneiro de, op. cit., 1958, p.90-1 e p.103. Ver também Sigaud, José Francisco. Biografia de Manuel Ferreira da Câmara Bittencourt e Sá. *RIHGB*, v.4, 1842, p.515.

82 *Documentos Interessantes*, v.44, p.154.

febril; a tal ponto que, em um ofício de 24 de janeiro de 1800 para D. Rodrigo, escrevia Melo Castro que os naturalistas da capitania se achavam impossibilitados de cumprir a última incumbência que lhes fora ordenada, por já estarem ocupados em outros fins, tornando-se necessário que se combinasse de antemão e proporcionasse com eles as suas ocupações.[83]

Dentre os reflexos da mentalidade racionalista e de fé nos conhecimentos científicos, que surgem em memórias desse tempo, como na de José Elói Ottôni sobre Minas Gerais, escrita em 1798[84] ou numa outra, anônima, sobre a Bahia,[85] apareciam as referências à necessidade de bacharéis especializados para figurarem nas Mesas de Inspeção – organismos criados em 1751 por Pombal, destinados a manter a qualidade técnica dos principais produtos de exportação. Arruda Câmara, ao apontar os erros de certos naturalistas que se apoiavam em "notícias de viajantes", também salientava a falibilidade das informações de "homens que não tratam *ex-professo*" de assuntos científicos...[86]

De 1808 até 1812, ano de sua morte, D. Rodrigo continuou essa atividade febril no Novo Mundo, redobrando mesmo o dinamismo das providências, agora impulsionadas pela urgência

83 *Documentos Interessantes*, v.29, p.169.

84 Otôni, José Elói. Memória sobre o atual estado da capitania de Minas Gerais. In: *Anais da Biblioteca Nacional*, v.30, p.301.

85 Discurso preliminar, histórico, introdutivo, com natureza de descrição econômica da comarca e cidade da Bahia. *Anais da Biblioteca Nacional*, v.27, p.320.

86 Memória sobre a cultura dos algodoeiros. *O Patriota*, n.2, fevereiro de 1813, p.43. Em ofício de 21 de maio de 1802, para o Visconde de Anadia, escrevia Antônio Manuel de Melo Castro e Mendonça sobre as deficiências de João Manso Pereira como diretor da fábrica de ferro de Sorocaba, concluindo que deveria, em sua opinião, voltar para sua cadeira de latim no Rio de Janeiro e deixar "essas coisas" de fundição de ferro para os químicos de profissão (*Documentos Interessantes*, v.30, p.179).

da necessidade imediata. Logo ao chegar, em 1809, por intermédio da Junta do Comércio do Brasil, tratou de distribuir prêmios aos que conseguissem aclimar especiarias das Índias, liberou determinadas culturas, como a da vinha e a da oliveira, antes proibidas; na Imprensa Régia, fundada em 1809, retomou a publicação de trabalhos por ele encomendados de 1798 a 1803,[87] patrocinando novos estudos de orientação prática, para servirem ao progresso das artes técnicas, da lavoura e da pecuária, segundo providências da Coroa para melhoria, por exemplo, da raça cavalar no Brasil, pois queixavam-se os agricultores de que seus cavalos não tinham forças para puxar o arado; sobre a introdução do capim de Angola (1812),[88] a cultura do chá etc.[89]

Suas iniciativas eram secundadas e depois foram continuadas, embora num estilo diferente, pelo "gênio perscrutador da natureza" do Conde da Barca. Igualmente preocupado em inovar e ensaiar novos métodos, realizava esse ministro experiências em seu próprio laboratório, cercando-se de um grupo de auxiliares. No primeiro número de *O Patriota*, José Caetano de Barros descrevia o resultado dos ensaios de que fora incumbido pelo Conde sobre a produção de sementes de urucu, que o eminente político trouxera de Santa Cruz em 1809;[90] no número seguinte, expunha

87 Vale Cabral, Alfredo do. *Anais da Impressão Régia do Rio de Janeiro*. Rio de Janeiro: Typ. Nacional, 1881. Cf. nota 34.

88 *Observações sobre o capim de Angola ultimamente trazido e cultivado no Rio*. Rio de Janeiro: Impressão Régia, 1812; *Aditamento às observações acerca do capim de Angola*. Rio de Janeiro; Impressão Régia, 1813; *Observações sobre o cravo da Índia*. Rio de Janeiro: Impressão Régia, 1812; *Observações sobre a caneleira*. Rio de Janeiro; Impressão Régia, 1812 etc.

89 Incentivada no Rio Grande do Sul pelo Conde da Barca, Antônio de Araújo e Azevedo (Oliveira Lima, Manuel de, op. cit., 1945, v.I, p.240).

90 *O Patriota*, n.1, janeiro de 1813, p.34.

um "método imaginado e praticado em seu laboratório para a extração do óleo de mamona".[91] Em 1810, obedecendo a ordens expressas, Gaspar Marques trouxe de Londres um alambique, "com as invenções mais modernas praticadas na Escócia", e dedicou-se a aperfeiçoá-lo e a adaptá-lo no laboratório do Conde.[92]

O Jardim Botânico do Rio de Janeiro, fundado em fins do século XVIII, era mais um estímulo para a orientação pragmática das pesquisas científicas, assim como anos mais tarde, em 1818, a criação do Museu Nacional, que deveria incentivar o estudo das ciências naturais no Brasil, o qual encerrava em si, conforme as palavras do decreto, "milhares de objetos de observação e exame, e que podem ser empregados em benefício do comércio, da indústria e das artes".[93]

Além disso, uma série de estudos geográficos e de levantamentos estatísticos foi realizada durante o reinado de D. José I e continuada no seguinte, por D. Rodrigo, compondo a preciosa coleção geo-hidro-topográfica da Sociedade Real Marítima e Geográfica, fundada por este último em 1798. Esse acervo foi transportado para o Brasil, quando da invasão francesa, e, um mês após a chegada da família real, fundou-se um arquivo cen-

91 *O Patriota*, n.2, fevereiro de 1813, p.12.

92 Ibidem, p.99.

93 Oliveira Lima, Manuel de, op. cit., 1945, p.259. Em 1819, a Impressão Régia publicava *Instruções para os viajantes e empregados nas colônias sobre a maneira de colher, conservar e remeter os objetos de história natural. Arranjados pela administração do Real Museu de História Natural de Paris. Traduzida por ordem de S. M. F., expedida pelo excelentíssimo ministro e Secretário dos Negócios do Reino, do Original Francês impresso em 1818. Aumentada, em notas, de muitas das Instruções aos Correspondentes da Academia Real de Ciências de Lisboa, impressas em 1781; e precedida de algumas reflexões sobre a história do Brasil e estabelecimento do Museu e Jardim Botânico em a corte do Rio de Janeiro.*

tral para abrigá-lo, assim como um corpo de engenheiros gravadores para continuar os trabalhos. Tratava-se, em sua maior parte, da obra de brasileiros, bacharéis em Matemática, iniciada com os levantamentos previstos pelos tratados de limites de 1755 e 1777, do qual participaram intensamente.[94] Acumularam esses bacharéis dos fins do século XVIII uma literatura de viagens curiosamente integrada no espírito da que se desenvolvia pela mesma época no resto do mundo e que tamanha influência exerceria sobre a literatura romântica em geral.

Francisco José de Lacerda e Almeida, matemático e astrônomo paulista, foi um caso particularmente expressivo, pois, tendo percorrido grande parte do interior do Brasil, de Mato Grosso ao Pará, veio a morrer em 1798, tentando ir por terra de Moçambique a Angola. O diário de suas últimas explorações foi traduzido para o inglês no começo do século XIX pelo capitão Richard Burton.[95] Também aqui se insere a viagem de Alexandre Rodrigues Ferreira; apesar do caráter excepcional que adquiriu como primeira expedição científica,[96] convém lembrar que se inseria em

---

94 Varnhagen, Francisco Adolfo de, op. cit., 1965, v.4, p.270-3 e 277.

95 Sobre os viajantes em geral, ver Varnhagen, Francisco Adolfo de, op. cit., 1965, v. 4, p.254-5, 273, 276-7; Lacerda e Almeida, Francisco José. *Diários de viagem*. Prefácio de Sérgio Buarque de Holanda. Rio de Janeiro: Imprensa Nacional, 1944. p.12. Lacerda e Almeida partiu para a África Oriental em 1798, nomeado governador dos rios de Sena. Propunha-se verificar a existência de montes que pudessem servir de cabeceira aos rios de Sena e Cunene que ocorrem em sentidos opostos. "Setenta anos depois, em 1867, Livingstone recolheu dados sobre a sua expedição e fixou em 19°32' de latitude sul, a pouca distância do Lago Moero, o local do seu falecimento". Ver também Homem de Melo, Francisco Ignácio. O Brasil intelectual em 1801. *RIHGB*, v.103, 1901, p.13.

96 Lima, Américo Pires de. *O Dr. Alexandre Rodrigues Ferreira (Documentos coligidos e prefaciados)*. Porto: Agência Geral do Ultramar, 1953.

toda uma messe de roteiros e informações,[97] recolhidos por D. Rodrigo de Souza Coutinho e pelo ministro Martinho de Melo e Castro. Esses relatórios de viagem devem ser estudados como mais um aspecto da tomada de contato dos brasileiros com a realidade de sua terra, embora não se destinassem a ser divulgados, mas apenas a servir de instrução ao governo, dada a política de sigilo e a intenção de Portugal de manter o Brasil fechado para o mundo, atitude bem ilustrada pela ordem de prisão que foi expedida em julho de 1800 contra um certo "Barão de Humboldt", cuja presença foi considerada prejudicial aos interesses da Coroa pelas idéias perigosas que ele poderia disseminar...[98]

Referimo-nos a obras no gênero da do "doutor em Matemática e Sargento-Mor Engenheiro" José Vitório da Costa sobre o Amazonas (1797);[99] ou a do provedor da Fazenda Filipe José

97 Barata, Francisco José Rodrigues. Diário de viagem ao Surinam ao Real Serviço (1798). *RIHGB*, v.8, 1846, p.1; Pereira, Joaquim José. Descrição problemática do sertão da capitania de São Luís do Maranhão, em 1798. *RIHGB*, v.20, 1857, p.165; Pereira, Joaquim José. Memória sobre a extrema fome e triste situação em que se achava o sertão da Ribeira do Apodi, da capitania do Rio Grande do Norte da Comarca de Paraíba e de Pernambuco. *RIHGB*, v.20, 1857, p.175, etc. Assim como toda uma série de trabalhos no gênero de Francisco José Rodrigues Barata: Memória em que se mostram algumas providências tendentes ao melhoramento da agricultura e Comércio da Capitania de Goiás, escrita e dedicada ao Conde de Linhares. *RIHGB*, v.11, 1848, p.336, Cf. Garcia, Rodolfo. História das explorações científicas no Brasil. In: *Dicionário histórico, geográfico e etnográfico do Brasil*. Rio de Janeiro: Instituto Histórico e Geográfico Brasileiro, 1922. 2v.

98 Holanda, Sérgio Buarque de. *Raízes do Brasil*. 2.ed. Rio de Janeiro: José Olympio, 1948. p.172.

99 *Coleção de cartas do Rio das Amazonas desde a foz do Rio Tapajós até a foz do Rio Negro em grande escala com os fundos, baixos e notas para a navegação de alto bordo, mandadas pelo ... Sr. Capitam do Pará D. Francisco de Souza Coutinho; levantadas sobre o loch e a agulha magnética e corrigidas sobre observações de longitude, latitude e declinação da agulha*, pelo Dr. em Matemática e sargento-mor engenheiro José Victorio da Costa, Lisboa, 1797.

Nogueira Coelho sobre a capitania de Mato Grosso (1780);[100] a de João José Teixeira Coelho sobre Minas Gerais (1780);[101] e muitas outras que somente seriam publicadas a partir de 1808 no *Correio Braziliense*, na revista *O Patriota* (1803-1804)[102] e também pela Imprensa Régia, como foi o caso de um roteiro do Maranhão ao Rio de Janeiro, editado em 1810;[103] outro de Belém

---

100 Coelho, Filipe José Nogueira. Memórias cronológicas da capitania de Mato Grosso, principalmente da Provedoria da Fazenda e Intendência do Ouro. *RIHGB*, v.13, 1850, p.137.

101 Coelho, João José Teixeira. Instrução para o governo da capitania de Minas Gerais. *RIHGB*, v.15, 1852, p.255; e Extratos da memória manuscrita do doutor João José Teixeira. *RIHGB*, v.6, 1844, p.176.

102 Passos, Silvestre José dos. Memória sobre a abertura de uma estrada de comunicação entre a capitania de Santa Catarina e a Vila de Lages, e estabelecimento de uma freguesia no sertão firme da mesma capitania. *O Patriota*, n.3, março de 1813, p.23; Serra, Ricardo Franco de Almeida. Descrição geográfica da capitania de Mato Grosso (1797). *O Patriota*, n.2, agosto de 1813, p.50-62; Serra, Ricardo Franco de Almeida. Discurso sobre a necessidade urgente de uma povoação na Cachoeira do Salto do Rio Madeira para facilitar o utilíssimo e indispensável comércio, que pela carreira do Pará se deve fomentar para Mato Grosso, de que resulta a prosperidade de ambas as capitanias. *O Patriota*, n.2, março e abril de 1814, p.3; Cunha, Francisco Manuel da. Breve descrição topográfica e estatística da capitania do Espírito Santo. *O Patriota*, n.3, setembro de 1813, p.24; Notícia das novas povoações de São Pedro de Alcântara e São Fernando, civilização da nação Macamecram, na estrada para o Pará. *O Patriota*, n.3, setembro de 1813, p.61, no gênero de uma reportagem; Menezes, José Pedro César de. Roteiro para seguir a melhor estrada do Maranhão para a corte do Rio de Janeiro. *O Patriota*, n.6, dezembro de 1813, p.6; Frota, José Manuel Antunes da. Extrato da História da capitania de Goiás. *O Patriota*, n.2, março e abril de 1814, p.25; Roteiro do Maranhão a Goiás pela Capitania do Piauí, que se atribui a um grande literato que a escreveu pelos fins do século passado. *O Patriota*, n.3, maio e junho de 1814, p.3; G. B. de E. Algumas observações barométricas e geognósticas etc., feitas na capitania de Minas Gerais. *O Patriota*, n.6, junho e julho de 1814, p.72, etc.

103 *Roteiro e mapa da viagem da cidade de São Luís do Maranhão até a corte do Rio, feita por ordem do Governador e Capitam General daquela Capitania, pelo Coronel Sebastião Gomes da Silva Berford*. Rio de Janeiro: Impressão Régia, 1810.

a Goiás em 1811;[104] do Pará à Bahia em 1819[105] e a *Chorographia Brasílica* de Ayres do Casal em 1817.[106]

Voltaram-se os brasileiros dessa época com afinco para a divulgação dos fatos e o devassamento do interior de sua terra: "fazer conhecer este continente tão desfigurado por aqueles que, às cegas, ou prevenidos, têm escrito a seu respeito", parecia-lhes um objetivo urgente e de importância vital.[107] Conforme escrevia o redator de *O Patriota*, na introdução de uma memória sobre Goiás: "Não querendo perder notícia alguma deste vastíssimo continente, aproveitamos de qualquer obra que chega à nossa mão, qualquer conhecimento, que possa um dia servir à história interessantíssima deste Novo Mundo...".[108]

A difusão dessas obras do século XVIII, assim como das que se devem aos brasileiros que foram desvendando o território nacional ao mesmo tempo que os viajantes estrangeiros, reflete, por um lado – do seu valor informativo –, os conhecimentos de que dispunham os homens do período da Independência para manejar a realidade de sua terra e, por outro, mereceria ser analisada como parte integrante do processo de formação de uma

---

104 D'Oliveira Bastos, Manuel José. *Roteiro da cidade de Santa Maria de Belém do Grão Pará pelo Rio Tocantins acima até o Porto Real do Pontal da Capitania de Goiás*. Rio de Janeiro: Impressão Régia, 1811.

105 Roteiro das capitanias do Pará e Maranhão, Piauí, Pernambuco e Bahia pelos caminhos e rios centrais (1819). *RIHGB*, n.8, p.527, 1846.

106 Casal, Manuel Ayres de. *Corographia brasílica ou relação histórico-geográphica do Reino do Brasil, composta por um presbytero secular do Grão Priorado do Crato e dedicado a S. M. Fidelíssima, etc.* Rio de Janeiro: Impressão Régia, 1817.

107 Notícia das novas povoações de São Pedro de Alcântara e São Fernando, civilização da nação Macamecran na estrada para o Pará. *O Patriota*, n.3, setembro de 1813, p.61.

108 Extrato da História da capitania de Goiás, ordenado pelo cirurgião-mor José Manuel da Frota. *O Patriota*, n.2, março e abril de 1814, p.25.

consciência nacional. Encontram-se, por exemplo, entre os papéis de José Bonifácio, em manuscrito, diversos relatórios informativos e roteiros das capitanias de São Paulo, Minas Gerais, Mato Grosso etc.[109]

Interessava à Coroa incentivar os estudos práticos e, uma vez instalada no Brasil, ampliar o número dos que poderiam usufruir de uma formação científica, de onde a fundação das Escolas Médicas da Bahia e do Rio de Janeiro, da Academia Militar e de Medidas como a de um decreto de D. João VI, de 1810, conferindo anualmente bolsas para três jovens brasileiros da Escola Médica do Rio de Janeiro a fim de que fossem praticar e completar seus estudos em Edimburgo e Londres.[110]

Viam-se os naturais do Brasil envoltos em uma dinâmica que transcendia os limites de sua terra.

A política de industrialização de Portugal, encetada por Pombal, gerando um movimento de incentivo da produção de matérias-primas no Brasil; a influência de princípios fisiocratas; a decadência do ouro e a volta para a agricultura, a política de inovações e de reformas determinada no Brasil, sobretudo, pela necessidade de formar os elementos indispensáveis à administração e à vida da nação no Novo Mundo desencadearam, como vimos, uma série de conseqüências culturais, em que os brasileiros exerceram papel ativo. "O século XVIII português" – lembra Oliveira Lima em seu livro *Dom João VI no Brasil* – "fora metade de brasileiro".[111]

Para melhor compreensão de sua mentalidade, não convém nos esquecermos de que os brasileiros da geração da Independên-

---

109 Cf. Catálogo dos Manuscritos de José Bonifácio no Museu Paulista.

110 Oliveira Lima, Manuel de, op. cit., 1945, v.I, p.253.

111 Ibidem, p.262.

cia participaram intensamente de uma política da Coroa portuguesa que abrangia todos os seus domínios ultramarinos. O naturalista carioca João da Silva Feijó foi secretário do governo em Cabo Verde, antes de ser enviado para "explorações filosóficas" na Capitania do Ceará.[112] Do mesmo modo, o brasileiro Lucas José de Alvarenga foi governador de Macau em 1809, onde comandou uma expedição contra os piratas chineses, publicando, em 1828 no Rio de Janeiro, uma memória a respeito de suas aventuras.[113] A expedição de Alexandre Rodrigues Ferreira foi uma entre várias outras enviadas para diferentes partes dos domínios portugueses; ao mesmo tempo que ele partia para o Brasil, viajava o português Galvão da Silva para Moçambique (1783), e outras missões científicas dirigiam-se para Angola e Cabo Verde.[114] O médico brasileiro José Pinto de Azeredo ocupou-se em Angola do estudo de algumas enfermidades mais comuns naquela província da África, como as febres, a disenteria e o tétano, antes de vir a se dedicar ao estudo das principais moléstias endêmicas do Rio de Janeiro.[115]

---

112 "Ensaio político sobre as ilhas de Cabo Verde para servir de plano à História Filosófica das mesmas", por João da Silva Feijó, naturalista encarregado por Sua Majestade do exame físico das ditas ilhas. In: *O Patriota*, n. 3, maio e junho de 1814, p. 29. Silva Feijó também escreveu uma "Memória sobre a última irrupção do Pico da Ilha do Fogo, sucedida em 24 de janeiro de 1785" (Lisboa, 1797), In: *O Patriota*, n.5, novembro de 1813, p.23. Cf. nota 66.

113 *Memória sobre a expedição do Governador de Macau em 1809 e 1810... autenticada com documentos justificativos. Escrita pelo mesmo Lucas José Alvarenga em dezembro de 1827*. Rio de Janeiro, 1827. Ver também Homem de Melo, Francisco Ignácio, op. cit., 1901, p.16.

114 *História de Portugal nos séculos XVIII e XIX escrita por uma Sociedade de Homens de Letras*. Lisboa, s. d, v.II, p.121.

115 Maia, Emílio José da Silva. Biographia do Dr. José Pinto de Azeredo. *RIHGB*, v.2, 1840, p.620.

Após a vinda da família real, as obras de portugueses domiciliados em outras colônias portuguesas foram publicadas na nova capital, como é o caso, nos volumes de *O Patriota*, da "Memória remetida de Macau ao Redator da Gazeta desta Corte, por Joaquim José Leite, Reitor do Real Colégio São José, em 14 de janeiro de 1818";[116] da descrição da viagem que fez o bacharel Joaquim José da Silva ao sertão de Benguela, por ordem do governador e capitão-general do reino de Angola, enviado àquele reino como naturalista e depois como secretário do governo,[117] ou das "Reflexões sobre as viagens dos mais célebres navegadores que têm feito o giro do mundo e a necessidade de uma nova viagem do mesmo gênero com a declaração dos pontos mais notáveis da hidrografia, que precisam de mais profundo exame", pelo português Joaquim Bento da Fonseca, primeiro-tenente da Marinha e depois governador das ilhas de São Tomé e Príncipe.[118]

Além disso, desempenharam parte proeminente na própria ilustração do reino.[119] O bispo brasileiro D. Francisco de Lemos Faria Pereira[120] e seu irmão João Pereira Ramos de Azeredo Coutinho,[121] membros ordinários das mesas censórias,[122] destacaram-se com funções importantes na reforma da Universidade de Coim-

116 *O Patriota*, n.5, maio de 1813, p.18.

117 *O Patriota*, n.1, janeiro de 1813, p.97.

118 *O Patriota*, n.1, julho de 1813, p.17.

119 Oliveira Lima, Manuel de, op. cit., 1945, p.252; Rizzini, Carlos, op. cit., 1957, p.54 ss.

120 Varnhagen, Francisco Adolfo de. Biographia de D. Francisco de Lemos Brito Faria Pereira Coutinho. *RIHGB*, v.2, 1840, p.382.

121 Barbosa, Januário da Cunha (Cônego). Biografia de João Pereira Ramos. *RIHGB*, v.4, 1842, p.88.

122 Marques, Maria Adelaide Salvador, op. cit., 1963, p.44.

bra e diversos brasileiros figuraram posteriormente como professores daquela universidade.[123]

Esse fato teve conseqüências significativas no forjar das idéias, mesmo após a Independência, entre os que figuraram como políticos eminentes durante o primeiro reinado. O despertar da preocupação com a realidade social brasileira é um fruto da ilustração da época, e o processo do seu desenvolvimento torna-se inclusive mais claro quando estudado nesse panorama mais amplo: principalmente se procurarmos suas origens nos trabalhos práticos e nos estudos pragmáticos dos brasileiros dos fins do século XVIII, em que parece evoluir de forma mais concreta, mais diretamente relacionada com a realidade do mundo que tentavam transformar.

A definição de uma consciência nacional é fenômeno bem posterior e só há de refletir-se na literatura, no movimento romântico de meados do século XIX. Os escritos de vários dentre os homens citados neste texto, como o "Diário de uma viagem mineralógica pela Província de São Paulo no ano de 1805", de Martim Francisco Ribeiro de Andrada, demonstram antes de tudo a sua cultura européia e o desejo de aparecer em plano de igualdade com os estudiosos europeus. Parecem querer a cada página lembrar e afirmar a sua participação na comunidade de sábios e ilustrados de seu tempo. Para documentar suas impressões sobre os costumes dos moradores de Iguape, o irmão de José Bonifácio

---

123 Tais como José Bonifácio, Alexandre Rodrigues Ferreira, João da Silva Feijó, Vicente Coelho de Seabra e Silva Teles, Ângelo Ferreira Dinis, José Francisco Leal, José Correia Picanço (esses três últimos como lentes de Medicina); Vilela Barbosa, Nogueira da Gama (professores na Academia de Marinha) etc. Cf. Rizzini, Carlos. *O livro, o jornal e a tipografia no Brasil (1500-1822)*. Rio de Janeiro: Livraria Kosmos, s. d, p.280.

citava o depoimento de certos viajantes sobre a luxúria dos nativos dos mares do sul[124] e, para comentar a abundância dos pássaros que encontrava em seu caminho, julgou oportuno lançar mão das observações de um francês nas Ilhas Malvinas.[125] Embora viajasse por sua terra natal, o ministro da Fazenda dos primeiros tempos do Império não parecia passar em 1805 de um habitante dos domínios portugueses, bem integrado na cultura ilustrada da época. Afirmava sugestivamente em certa passagem sobre as vicissitudes de sua excursão: "creio que Kolbe e Vaillant nos áridos e desertos sertões da África não acharam tantas dificuldades a vencer como eu em *uma colônia portuguesa* há tanto povoada".[126]

Aproveitados por uma política de Estado "ilustrada", crentes no poder da razão, única e universal e na função pragmática da ciência a serviço do progresso material, procuraram os estudiosos brasileiros dos fins do século XVIII e inícios do XIX integrar o Brasil na cultura ocidental, traduzindo, aprendendo e, sobretudo, tentando aplicar. Era essa, no dizer de Arruda Câmara, a finalidade do Areópago de Itambé: "tornar conhecido no Brasil o estado atual da Europa",[127] assim como a da revista *O Patriota*: "as luzes espalham-se no mundo para todos; cumpre aproveitá-las".[128] Nesse periódico – o primeiro no Brasil depois

---

124 Andrada, Martim Francisco Ribeiro de. Diário de uma viagem mineralógica pela Província de São Paulo, no ano de 1805. *RIHGB*, v.9, 1847, p.534.

125 Ibidem, p.535.

126 Ibidem, p.531.

127 Machado, Maximiano Lopes. Introdução. In: Moniz Tavares. *História da Revolução de Pernambuco de 1817*. Recife: Instituto Arqueológico e Geográfico Pernambucano, 1917. p.24; Cf. Rizzini, Carlos, op. cit., 1957, p.95.

128 Borges de Barros. Noções sobre a cultura e fabrico do Anil e Análise desta matéria. *O Patriota*, n.2, fevereiro de 1813, p.43.

de *A idade de ouro* do Conde dos Arcos –, o espaço dedicado às ciências era bem maior que o das letras, desculpando-se Araújo Guimarães, seu redator-chefe, ao publicar um poema, por roubar espaço aos conhecimentos *úteis*; fazia questão de assinalar para a posteridade a memória de homens que prestaram serviços úteis à comunidade, evocando nesse intuito, em certa passagem, o nome do introdutor das plantas exóticas do Jardim Botânico da Lagoa Rodrigo de Freitas.[129]

A mentalidade pragmática dos iluministas foi-se enraizando entre os brasileiros. O conceito dos que tinham as artes como hierarquicamente inferiores às ciências parecia refletir o alvitre geral da época. Borges de Barros, muito influenciado pelo estilo de Voltaire, não perdia oportunidade, em suas memórias e trabalhos de cunho prático, escritos para *O Patriota*, de reafirmar para a posteridade a grandeza da memória dos que introduziram plantas e abriram novos ramos de comércio, a seu ver em muito superiores aos guerreiros heróicos e aos relatos inúteis de grandes batalhas. Tanto que lhe parecia loucura "o perder o tempo em querer ler, por pequenas coisas nas trevas dos tempos, quanto, torno a dizer, digno de repreensão, o deixar no esquecimento os nomes daqueles, a que devemos alguma descoberta útil e o enriquecer-nos de alguma nova produção vegetal".[130]

Tinham a consciência de uma grande obra a realizar para o progresso de sua terra; continuar o trabalho de exploração e devassamento de enormes tesouros que permaneciam ignorados no interior do Brasil, a existência dos quais não era posta em dúvida

129 *O Patriota*, n.5, maio de 1813, p.12. Ver também Souza, Antonio Candido de Mello e, op. cit., 1959, v.I, p.245.

130 *O Patriota*, n.5, maio de 1813, p.14.

pelo seu otimismo: "Seria do maior interesse que tão digno desejo de conhecer as produções do mais rico dos países se propague e que não deixemos ignorados, e nos privemos a nós e ao resto do mundo das vantagens e riquezas, de que somos possuidores".[131]

Assim como introduzir processos mais modernos para o seu aproveitamento. Minas Gerais, escrevia em 1813 o autor de "Algumas observações barométricas e geognósticas feitas na citada capitania", algum dia haveria de "florescer ainda mais do que tem florescido", logo que o mineiro resolvesse a estudar, a tomar outras noções, por exemplo,"introduzindo método regular, trabalhando nos viveiros, segundo as camadas, segurando as galerias, aproveitando as terras impregnadas; introduzindo e aplicando engenhos e máquinas...".[132]

Além do que, dominava-os um forte e decidido espírito de realização: nada lhes parecia mais belo do que o esforço do homem para conquistar a natureza, colaborando com ela: "que mais pode fazer o homem do que dar vida àqueles sítios que a natureza parece ter deixado ao seu gênio, mostrando-lhe o meio que tem de cooperar com ela e com ela terminar e embelezar a grande obra?"[133]

Objetivos e pragmáticos, preocupados com os problemas concretos, não se limitaram esses intelectuais à leitura das obras dos *philosophes*. Voltaram-se para a experiência colonial das outras nações européias; procuraram traduzir estudos referentes

131 Borges de Barros. Memória sobre a plantação e o fabrico do Urucu. *O Patriota*, n.1, janeiro e fevereiro de 1813, p.48.

132 *O Patriota*, n.6, junho e julho de 1814, p.72.

133 Borges de Barros. Memória sobre o meio de desaguar ou esgotar as terras inundadas ou encharcadas por método fácil e pouco dispendioso. *O Patriota*, n.5, novembro de 1813, p.3.

aos trópicos, sempre em busca de uma lição aplicável ao Brasil. Consistiram seus trabalhos nos esforços de alguns homens ilustrados para orientar com conhecimentos atualizados e aperfeiçoamento de técnicas o aproveitamento das novas oportunidades econômicas, surgidas na conjuntura internacional, quando da Revolução Francesa e das guerras napoleônicas, sobretudo quando as lutas no Mar das Caraíbas interromperam o fornecimento das Antilhas para a Europa.

Particularmente ilustrativa desse intuito foi a criação da Casa Literária do Arco do Cego, que se destinava a divulgar traduções, focalizando principalmente a agricultura nos Estados Unidos e nas Antilhas inglesas e francesas.[134] Sob a orientação de frei Veloso, Antônio Carlos, Martim Francisco, Nogueira da Gama, José Feliciano Fernandes Pinheiro verteram para o português informações sobre a manufatura do fumo da Virgínia,[135] as qualidades da simaruba na América do Norte e Índias Ocidentais,[136] ou obras mais gerais sobre a *Cultura americana*[137] ou as planta-

134 Em novembro de 1800, referia-se D. Rodrigo de Souza Coutinho, nas instruções para Manuel Ferreira da Câmara Bittencourt e Sá, à conveniência de se abrirem os olhos dos cultivadores de mandioca para o exemplo da cultura regular "de que se aproveitam as Antilhas e com que seguram produções abundantes de mandioca", em vez do absurdo sistema de derrubadas e queimadas seguido no Brasil (Mendonça, Marcos Carneiro de, op. cit., 1958, p.90).

135 Veloso, José Mariano da Conceição (frei). *Extrato do modo de se fazer o salitre nas fábricas de tabaco da Virgínia*. Lisboa: Oficina de João Antônio da Silva, 1797.

136 Ver nota 2.

137 Pinheiro, José Feliciano Fernandes. *Cultura Americana que contem uma Relação do Terreno, Clima, Produção e Agricultura das Colônias Britânicas no Norte da América e nas Índias Ocidentais, com observações sobre a vantagem, e desvantagens de se estabelecer nelas, em comparação com a Grã-Bretanha e Irlanda*. Por um americano. Traduzida da língua inglesa, debaixo dos auspícios, e da ordem de S. A. R. o Príncipe Regente Nosso Senhor... publicado por frei José Mariano da Conceição Veloso do Rio de Janeiro e pensionado por Sua Majestade Lisboa: Oficina de Antônio Rodrigues Galhardo, 1794.

ções das Antilhas, tratando sobretudo da lavoura da cana,[138] tendência a que a Imprensa Régia daria prosseguimento anos mais tarde, ao publicar, por exemplo, em 1810, uma obra intitulada *Observações sobre a agricultura do Brasil e sugestões para aperfeiçoar e adiantar esta sutil arte, por um vassalo britânico que residiu vinte anos nas Antilhas e Estados Unidos da América, empregado mormente na agricultura*. Nesse mesmo ano, além de um trabalho de Francisco Ignácio da Sequeira Nobre, *Descripção e instruções da maneira como se deve preparar o Tabaco Virgínia como o da América Inglesa*, e de um tratado sobre as especiarias e árvores frutíferas de Caiena,[139] a fim de melhorar a fibra do algodão nacional, inferior ao da Geórgia nos Estados Unidos, traduzia o *Correio Braziliense*, em 1808, as "Observações sobre o algodão do Brasil para informação dos cultivadores", do americano Rogério Hunt.[140]

Também editavam estudos de ordem comercial ou econômica sobre a concorrência das Antilhas, a fim de esclarecer lavradores e negociantes sobre as oportunidades oferecidas no momento pela situação crítica do mercado europeu.[141] Dentro dessa

---

138 Veloso, José Mariano da Conceição (frei). *Compêndio sobre a cana e sobre os meios de lhe extrair o sal, ao qual se ajuntam muitas memórias ao mesmo respeito, dedicado à colônia de São Domingo*, por J. F. Dutrone. Lisboa: Typ. Chalcográphica, Typoplástica e Litterária do Arco do Cego, 1801; Pereira, Hipólito José da Costa. *Descrição da árvore assucareira e da sua utilidade e cultura*, impressa de ordem superior. Lisboa: Typ. Chalcográphica, Typoplástica e Literária do Arco do Cego 1800; Gomes, José Caetano. *Memória sobre a cultura e produtos da cana de assucar*, oferecida a S.A.R. o Príncipe Regente Nosso Senhor, pela Mesa da Inspeção do Rio de Janeiro. Lisboa: Of. da Casa Literária do Arco do Cego, 1800 etc.

139 *Notícia Histórica e Abreviada para servir à cultura de uma remessa de árvores especiarias e frutíferas da Colônia de Caienna*, traduzida do francês. Rio de Janeiro: Impressão Régia, 1810.

140 *Correio Braziliense*, n.1, 1808, p.289.

141 Silva, António Carlos Ribeiro de Andrada Machado e. *Considerações cândidas e imparciais sobre a natureza do Comercio do Assucar; e importância comparativa das*

orientação geral, foi Antônio Carlos incumbido, por designação do governo português, em 1798, de traduzir obras inglesas sobre agricultura, comércio, navegação e de fazer propaganda de recentes invenções mecânicas.

A revista *O Patriota* também refletiria esse espírito inovador, essencialmente cosmopolita, que caracterizou a mentalidade de muitos brasileiros da época. Em sua "Memória sobre o algodoeiro", publicada nesse periódico em fevereiro de 1813, contrastava Arruda Câmara a longevidade dos algodoeiros de Pernambuco com a pouca duração dos de São Domingos; cidadão do mundo, relanceava ainda o olhar mais longe, comentando com base em afirmações de um membro da Academia de Ciências de Paris, a degeneração daquela planta em várias partes do mundo:

> No antigo mundo, degenera à proporção que se caminha de Sião para Surrate, Agra, Alexandria, Acre, Chipre, Esmirna, Tessalonica. No Novo Mundo, observa-se a mesma diferença, caminhando de Maranhão, Caiena, Surinão, Cartagena, Martinica, Guadalupe, São Domingos, Carolina, etc. Em quanto a mim, até posso afirmar que o de Maranhão já degenera muito do de Pernambuco.[142]

Borges de Barros julgou oportuno traduzir as experiências sobre a plantação e fabrico do urucu, feitas em Caiena por M. Leblond, transcrevendo observações e estudos dos sábios do Insti-

---

Ilhas Britânicas, e francesas das Índias Ocidentais, nas quais estabelece o valor e conseqüências das ilhas de Santa Luzia e Granada. Transladada do inglês debaixo dos auspícios e ordem de S.A.R., O Príncipe Regente Nosso Senhor... Lisboa: Of. da Casa Literária do Arco do Cego, 1800.

142 Arruda Câmara, Manuel. Memória sobre a cultura dos algodoeiros. *O Patriota*, n.2, fevereiro de 1813, p.48.

tuto de França,[143] assim como uma memória francesa sobre a cultura e fabrico do anil que fora aprovada em 1781 pela Academia Real de Ciências de Paris e praticada não somente pelos holandeses em suas colônias, como também pela companhia inglesa das Índias Orientais em Bengala, no Bahar e em Agra, motivo pelo qual Borges de Barros realçava, num rasgo típico de sua geração, a utilidade dessas informações para o Brasil.[144] Morando em Paris, e querendo prestar serviços à sua terra, procurava entrevistar-se com inventores e especialistas e divulgar estudos para serem aproveitados pelos brasileiros. Em uma memória escrita com a finalidade de incentivar o cultivo do café no Brasil, referia-se às experiências de um colono inglês em São Domingos e descrevia os resultados de uma entrevista sua com um francês que aperfeiçoara uma máquina de beneficiar e um novo processo de extrair o licor da polpa do café.[145] Em outra ocasião, foi até São Denis obter dados de um certo M. Charpentier, sobre o emprego do parafuso de Arquimedes, máquina simples, cuja utilização achava que seria muito proveitosa para o Brasil.[146] A sua preocupação principal era informar e introduzir métodos "ilustrados" em sua terra: "Tudo o que é a bem da agricultura e que pode iniciar a imitação, desejo que se publique, razão porque refiro o que praticou o Consulado de Havana e que vem publicado no *Correio Mercantil* de Hespanha de 23 de abril de 1797".[147]

A fim de resolver o problema de transporte na época das chuvas no Recôncavo Baiano e "mormente no termo de Santo

143 *O Patriota*, n.1, ano, p.34.
144 *O Patriota*, n.2, ano, p.15.
145 *O Patriota*, n.6, julho de 1813, p.8.
146 *O Patriota*, n.6, dezembro de 1813, p.5.
147 *O Patriota*, n.6, dezembro de 1813, p.10.

Amaro da Purificação", onde tinha propriedades, propôs a adoção de vários carros de transporte idealizados na França e "particularmente do que os franceses chamam *haquet*, invenção do célebre Pascal".[148] Para bem dos lavradores brasileiros, traduzia os conselhos contidos no livro de um inglês, Dr. James Howinson, sobre "o meio empregado pelos chins para a propagação das árvores frutíferas", que ele mesmo adotara em suas terras.[149] Por ocasião de um desmoronamento de terras em Salvador, em junho de 1813, traduziu e ofereceu ao Conde dos Arcos uma memória francesa sobre "os muros de apoio ou muros que servem de sustentar as terras", utilizados nos cais de Chalons e impressa nas *Memórias da Academia de Dijon*.[150]

Cuidavam de atualizar-se em todos os avanços da técnica moderna, de aproveitar "as luzes" de outros povos, de imitar processos mais adiantados, preocupados em remediar a vergonha e o desprezo "em que se têm quantos gêneros saem de nossas fábricas"; o que lhes parecia tanto mais fácil "quanto pecam, não na qualidade da matéria primeira, mas dos malentendidos e pior executados processos, e que felizmente sobre cada um deles há muitos escritos, que cada dia se irão vulgarizando e descarregando a má rotina".[151]

As novas invenções mecânicas também vinham constantemente descritas no *Correio Braziliense* e em trabalhos mais antigos de Hipólito da Costa,[152] como se quisessem os brasileiros

148 *O Patriota*, n.4, abril de 1813, p.68.

149 *O Patriota*, n.3, setembro de 1813, p.20.

150 *O Patriota*, n.4, outubro de 1813, p.3.

151 *O Patriota*, n.2, fevereiro 1813, p.43.

152 *Descrição de uma máquina para tocar a bomba a bordo dos navios sem o trabalho do homem*, oferecida à Real Marinha Portuguesa e impressa por ordem superior. Lisboa: Typ. Chalcográphica e Literária do Arco do Cego, 1800.

transmitir à sua terra os progressos da Revolução Industrial, introduzindo a navegação a vapor para ampliar as comunicações e aumentar o comércio[153] e a mecanização dos engenhos e das *técnicas rurais* – um primeiro passo, assim como o incentivo da imigração européia, no sentido da libertação dos escravos.

Na publicação de estudos técnicos sobre a introdução e aperfeiçoamento de novas matérias-primas, a Imprensa Régia, no Brasil, também refletiria a retomada, embora efêmera, da política de industrialização, que fora interrompida em 1785. Foi o caso do estudo de um "naturalista cearense" sobre a criação de ovelhas e o gado lanígero em sua capitania natal,[154] de estudos encomendados por D. Rodrigo sobre a aclimação das vicunhas e alpacas do Peru no Brasil, ou da obra de Arruda Câmara, publicada na Imprensa Régia em 1810: *Dissertação sobre as plantas do Brasil que podem dar linhos próprios para muitos usos da sociedade e suprir a falta do cânhamo.* Os estudos mineralógicos de José Bonifácio, de Martim Francisco, João Manso Pereira, Baltazar da Silva Lisboa, de Agostinho Gomes e Ferreira da Câmara também diziam respeito aos primeiros ensaios de indústria siderúrgica no Brasil.[155]

---

153 A navegação a vapor foi introduzida no Brasil em 1818 por Felisberto Caldeira Brant, ao qual foi concedido um privilégio exclusivo de quartorze anos. Hipólito da Costa criticou as limitações impostas por esse monopólio (*Correio Braziliense*, n.23, p.306), pedindo ao mesmo tempo a difusão e expansão do novo meio de comunicação, animado pelo exemplo norte-americano (n.28, p.441). Cf. Rizzini, Carlos, op. cit., 1957, p.194.

154 Ver nota 66.

155 Por intermédio de José Bonifácio e Manuel Ferreira da Câmara, estabeleceram-se os primeiros contatos com Eschwege e Varnhagen para virem instalar a fábrica de ferro de Ipanema, conforme se deduz de uma carta dirigida ao primeiro por D. Rodrigo de Souza Coutinho, em 28 de abril de 1810: "Aqui recebi os seus alemães e creio que não podem queixar-se de mim. Espero que sejam muito úteis ao Real Serviço" (Sousa, Otávio Tarquínio de, op. cit., 1945, p.78). A reformulação

Procuravam os brasileiros manter-se a par de toda a ciência européia. Ocupou-se em particular a Imprensa Régia, de 1809 a 1814, da tradução de manuais e compêndios de medicina, principalmente de medicina cirúrgica, de autoridades francesas como Bichat, Cabanis, e de ingleses e escoceses, como Cullen e Duncan,[156]

---

da política da Coroa em relação às minas do Brasil e estabelecimento da indústria de ferro deve-se em grande parte aos esforços de Manuel Ferreira da Câmara junto a D. Rodrigo de Souza Coutinho (Mendonça, Marcos Carneiro de, op. cit., 1958, p.34). Além do empreendimento de Sorocaba, assinala-se nessa época a fábrica de ferro de Congonhas do Campo, que foi fundada em 1811 por D. Francisco de Assis Mascarenhas, Conde de Palma, então governador de Minas Gerais; o mesmo que, em 1814, como governador da capitania de São Paulo, auxiliaria a construção da Real Fábrica de São João de Ipanema, em Sorocaba (p.180). As relações de Martim Francisco, como diretor das matas e das minas da capitania de São Paulo, com esse empreendimento foram constantes, embora gerassem depois o desentendimento com Varnhagen. Em 1821, José Bonifácio a visitou pela segunda vez, escrevendo então a *Memória econômica e metalúrgica sobre a fabrica de ferro de Ipanema* (Viagem mineralógica da Província de São Paulo(1820). In: Andrada e Silva, José Bonifácio, op. cit., 1964, v.I, p.503). Manuel Ferreira da Câmara, intendente das minas de ouro e diamantes, encarregado de examinar as minas de Vila Rica e Tejuco, tinha o ferro como o verdadeiro mineral da Real Fazenda. As forjas reais foram instaladas em 1809, e, em 1815, enviou-se a primeira remessa de ferro fundido trabalhado no Tejuco (Sigaud, José Francisco, op. cit., 1842, p.515; Mendonça, Marcos Carneiro de, op. cit., 1958, p.180 ss.). Em 1813, Baltazar da Silva Lisboa foi encarregado pelo Conde dos Arcos, então governador da Bahia, do exame de uma mina de carvão descoberta algumas léguas ao norte de Salvador, nas proximidades do Rio Cotegipe (Lisboa, Bento da Silva, op. cit., 1840, p.385). Francisco Agostinho Gomes chegou a fundar uma companhia, com vários outros brasileiros, para a fundição do cobre e ferro encontrados nas cercanias de vários outros distritos da Comarca da Bahia, projeto frustrado pelas suas próprias dimensões (Bivar, Diogo Soares da Silva de. Elogio histórico de Francisco Agostinho Gomes. *RIHGB*, v.4, 1842, p.31; Mendonça, Marcos Carneiro de, op. cit., 1958, p.101).

156 Cabanis, Pedro João Jorge. *Do grau de certeza da medicina*. Trad. de Francisco Júlio Xavier. Rio de Janeiro: Impressão Régia, 1812; Bichat, Francisco Maria Xavier. *Indagações sobre a vida e a morte*. Rio de Janeiro: Impressão Régia, 1812; *Plano de estudo da medicina apresentado por Manuel Luís Álvares de Carvalho*, distinto médico da Bahia. Rio de Janeiro: Impressão Régia, 1813; Bomtempo, José Maria. *Compêndio de matéria médica* por ordem do Príncipe Real. Rio de Janeiro: Impressão Régia, 1814-1815. etc. Cf. Vale Cabral, op. cit., 1881.

assim como de tratados de Matemática, Álgebra, Trigonometria, Geometria, Física, Mecânica, sempre para servir aos alunos das novas escolas;[157] mas não se descuidou também das grandes obras científicas do momento, como da tradução da *Phylosophia chymica* de Fourcroy, cientista da Revolução e professor de José Bonifácio em Paris.[158] O mineiro Vicente Coelho de Seabra foi o primeiro a traduzir para o português as descobertas de Berthollet, Lavoisier e do próprio Fourcroy.[159]

Muitos não somente traduzia, como tinham contato direto com os sábios e cientistas europeus. Foi o caso do mineiro Simão Pires Sardinha,[160] de José Bonifácio, de Ferreira da Câmara e outros que, graças à proteção do Duque de Lafões, partiram comissionados pela Coroa em viagens de estudos.

Esses contatos hão de se refletir mais tarde no Brasil, quando esses jovens tentaram aplicar a experiência européia em sua

---

157 Em sua maioria traduzidos por Manuel Ferreira de Araújo Guimarães e por José Saturnino da Costa Ferreira, irmão do redator do *Correio Braziliense*. Cf. Vale Cabral, op. cit., 1881; Euler, Leonardo. *Elementos de Álgebra*. Rio de Janeiro: Impressão Régia, 1809; Le Gendre, Adriano Maria. *Elementos de Geometria*. Rio de Janeiro: Impressão Régia, 1809; Le Gendre, Adriano Maria. *Tratado de Trigonometria*. Rio de Janeiro: Impressão Régia, 1809; Lacroix, Silvestre Francisco. *Tratado de Aritmética*. Rio de Janeiro: Impressão Régia, 1810; Hauy, René-Just. *Tratado elementar de Física*. Rio de Janeiro: Impressão Régia, 1810; Lacroix, Silvestre Francisco. *Elementos de Álgebra*. Rio de Janeiro; Impressão Régia, 1811 e 1813 etc.

158 Fourcroy, Antônio Francisco. *Phylosophia chymica ou verdades fundamentaes da chymica moderna*. Trad. Manuel Joaquim Henriques de Paiva. Rio de Janeiro: Impressão Régia, 1816; José Bonifácio e Manuel Ferreira da Câmara foram também alunos de outros mestres famosos da França na época da Revolução; de Chaptal, continuador de Lavoisier, do botânico Jussieu e de Hauy, fundador da Mineralogia francesa e, em Freyberg, de Werner, ilustre mineralogista alemão (Mendonça, Marcos Carneiro de, op. cit., 1958, p.23-4).

159 Varnhagen, Francisco Adolfo de. Biographia de Vicente Coelho de Seabra. *RIHGB*, v.9, 1847, p.262.

160 Santos, Joaquim Felício dos. *Memórias do distrito diamantino*. Rio de Janeiro, 1868. p.144-5.

terra: o decreto de 2 de julho de 1803 sobre a Intendência Geral das Minas previa significativamente a fundação em Minas Gerais de escolas mineralógicas e metalúrgicas semelhantes às de Freiberg e de Schemnitz, "de que têm resultado àqueles países tão grandes e assinaladas vantagens".[161]

A mentalidade da ilustração – a crença na razão e o cosmopolitismo do *philosophes* – não impediria o nativismo desses brasileiros de procurar soluções apropriadas para o seu meio – tendência, aliás, favorecida pela orientação, ou melhor, pelo patrocínio estatal no sentido de reformas práticas. Vimos como procuraram tirar lições da experiência agrícola dos franceses, ingleses e holandeses em suas colônias tropicais. A tipografia do Arco do Cego também divulgou obras no gênero da tradução de frei Veloso sobre o uso de plantas medicinais para a cura de lepra seca, que grassava entre escravos do Suriname[162] e que poderia eventualmente ser útil para o tratamento dos escravos do Brasil, assim como também o seria o estudo dos males mais comuns de Angola, por José Pinto de Azeredo, a que fizemos menção.[163] A orientação precoce dos doutorandos de Coimbra, Montpellier e Edimburgo para o estudo das doenças tropicais é elucidativa da tendência para a qual chamamos a atenção: "Os grande práticos do Norte ficariam confundidos se viessem ao Rio de Janeiro. Não somente encontrariam invertidas as estações, e os morbos estacionários, como achariam enfermidades extravagantes...".[164]

---

161 Mendonça, Marcos Carneiro de, op. cit., 1958, p.120.

162 Gama, José de Saldanha da, op. cit., 1868, p.181. Cf. nota 11.

163 Azeredo, José Pinto de. *Ensaio sobre algumas enfermidades d'Angola*, dedicado ao Sereníssimo Senhor D. João, Príncipe do Brasil. Lisboa: Régia Of. Typ., 1799.

164 *O Patriota*, n.3, março de 1813, p.6.

Alexandre Rodrigues Ferreira preocupava-se, em sua expedição, com as "enfermidades endêmicas dos rios de Mato Grosso" e com uma "Notícia dos mais terríveis contatos de bexigas que tem havido no estado do Pará, do ano de 1720 em diante".[165] O interesse nas condições de sobrevivência do seu meio ambiente produziu dissertações sobre o calor ou as reações do organismo humano no clima quente como as de Vicente Coelho de Seabra e Silva Teles (1788), dedicadas a José Bonifácio[166] e a tese de Arruda Câmara, apresentada em 1791, em Montpellier.[167] Também sugestivos são os estudos de José Pinto de Azeredo, como o "Ensaio chymico da atmosfera do Rio", no *Jornal Enciclopédico* (março de 1790, p.259-88) e suas *Curtas reflexões sobre algumas enfermidades endêmicas do Rio de Janeiro no fim do século passado.*[168]

Com o tempo, esses estudos adquiriram um alcance social mais concreto, como foi o caso dos *Elementos de higiene* de Melo Franco (1814); revestiram-se também de uma utilidade mais imediata, como a do trabalho desse mesmo autor sobre a *Febre perniciosa* do Rio de Janeiro, publicado em 1829, em Lisboa. São também de grande valor para a história social as respostas dadas

---

165 Em Corrêa Filho, Virgílio, op. cit., 1939, p.223, ver a relação dos códices de Alexandre Rodrigues Ferreira existentes na Biblioteca Nacional; Drummond, Antônio de Meneses Vasconcelos, op. cit., 1840. Ver nota 6.

166 Telles, Vicente Coelho de Seabra e Silva. *Dissertação sobre o calor,* oferecida ao Sr. José Bonifácio de Andrada. Na Imprensa Real da Universidade, 1788.

167 *Disquisitones quaedam physiologico-chemicae, de influentia oxigenii in oeconomia animali, precipue in calore, et colore hominum. Quas in Augustissimo Ludo Viceio Medico Monsoessula no propenebat Autor.. .Pro Baccalaureatus gradu consequendo ... Monspelii,* Apud Joannem Martel natu majore, Regis Universitatisque Typographum Consuetum, MDCCXCI.

168 Azeredo, José Pinto de. Curtas reflexões sobre algumas enfermidades endêmicas do Rio de Janeiro no fim do século passado (manuscrito oferecido ao Instituto Histórico e Geográfico Brasileiro pelo Dr. Emílio Joaquim da Silva Maia na sessão de 8 de abril de 1853). *RIHGB*, v.2, 1840, p.620.

por médicos brasileiros e portugueses, impressas em vários números de *O Patriota*, às questões propostas pela Câmara do Rio de Janeiro em 1798, sobre as condições de salubridade da vila. É o caso das observações do Dr. Bernardino Antônio Gomes ou de Antônio Joaquim de Medeiros sobre os hábitos de alimentação, os costumes e os vícios da população do Rio de Janeiro.[169] Interessante como nos descrevem as primeiras tentativas de estudar os males tropicais no tempo do vice-rei Vasconcelos, as experiências então realizadas sob a direção "dos mais hábeis filósofos e médicos"[170] e a maneira como procuravam compará-las com certas moléstias da costa da África.[171]

Além do interesse em explicar, havia também a urgência de levantar e aproveitar para a medicina os recursos locais, donde obras como a do Dr. Luís José de Godói Torres sobre as "Plantas medicinais indígenas de Minas Gerais"[172] ou o "Mapa das Plantas do Brasil, suas virtudes e lugares em que florescem", extraído de ofícios dirigidos a médicos e cirurgiões de várias partes do Brasil.[173]

Os ilustrados dos fins do século XVIII não trataram apenas de divulgar técnicas européias; homens de mentalidade mais prática dispuseram-se também a experimentar e adaptá-las, alcançando por vezes grande sucesso com suas inovações. Caldeira Brant introduziu, em 1804 na Bahia, a vacina contra a varíola, conseguiu aclimatar algumas raças bovinas européias e adotou

169 *O Patriota*, n.2, fevereiro de 1813, p.58; continuada no n.3, março 1813, p.14.

170 Ibidem, p.7.

171 *O Patriota*, n.2, fevereiro de 1813, p.56.

172 *O Patriota*, n.3, maio e junho de 1814, p.62.

173 *O Patriota*, n.4, julho e agosto de 1814, p.3-13.

o engenho a vapor, que o Conde dos Arcos trouxera para o Brasil nos fins do século. Também na Bahia, em 1807, Ferreira da Câmara aperfeiçoou as fornalhas dos engenhos, economizando desse modo dois terços do combustível de lenha, e construiu um canal condutor para operação da moenda e levada, suprimindo o trabalho de setenta cavalos; promoveu ainda a cultura da fruta-pão, das jacas, do trigo e de outras plantas. Francisco Agostinho Gomes, da mesma capitania, adiantou gratuitamente somas consideráveis para a propagação da cultura da pimenta da Índia e para bolsas de estudo na Europa. Também importou da Inglaterra, por sua própria conta, máquinas e instrumentos agrícolas a fim de aperfeiçoar as técnicas rurais.

Influência especial que se fez sentir nesse período sobre os homens da lavoura foi a dos padres "ilustrados", os quais somavam à sua disposição para o progresso a consideração em que eram tidos como homens da Igreja, modelos a serem imitados; papel acentuado pela singularidade de acumularem às funções religiosas as de fazendeiro e homens de negócio, assim como, em muitos casos, as de estudiosos.[174] Assim, o ex-inconfidente padre Rodrigues da Costa, autor de um *Tratado sobre a cultura do pessegueiro*,[175] em que documentou um aspecto da lavoura de Minas Gerais em dado momento curiosamente diversificada com plantas próprias de cli-

174 Em Coimbra, diversos padres brasileiros associavam ao estudo dos Cânones e da Teologia ao da Matemática ou das Ciências Naturais, sintoma interessante de como participavam do espírito dos tempos (Morais, Francisco de, op. cit., v.62). Lembre-se do exemplo do padre Arruda Câmara, carmelita egresso, do padre João Ribeiro etc.

175 *Tratado da cultura dos pessegueiro*. Traduzido da língua francesa por Manuel Rodrigues da Costa (presbítero do hábito de São Pedro e natural de Minas Gerais). Lisboa: Typ. do Arco do Cego, 1801.

ma temperado,[176] ou frei Leandro do Sacramento que dirigia o horto no Rio de Janeiro, e que, em 1825, sob os auspícios de D. Pedro I, publicou uma *Memória econômica sobre a plantação cultura e preparação do chá*, representativa da esperança que se tinha então de promover grande surto dessa lavoura com a imigração dos *chins* – expectativa já em vias de ser satisfeita pelo café.

Viajantes como John Mawe e Saint Hilaire observavam em suas obras repetidas vezes o fato de os fazendeiros padres serem em geral menos atrasados que os demais, salientando dentre eles alguns que empregavam regularmente fertilizantes em suas terras. O papel do clero no processo de nossa emancipação não se limitou à difusão de suas idéias liberais, por vezes até revolucionárias e radicais; também tiveram sua função na inovação das técnicas rurais e nas tentativas do pragmatismo ilustrado de modernização da colônia e do Império.

A consciência bem nítida da necessidade de adaptar os progressos da civilização ocidental ao seu meio, da carência de soluções americanas que tinham como imprescindíveis foi outra peculiaridade marcante no pensamento de alguns brasileiros, que queriam trazer e aplicar ao Brasil as inovações européias. Apesar da avidez com que procuravam as luzes em leituras estrangeiras, a orientação pragmática de sua mentalidade fazia que se acautelassem contra a adoção de princípios puramente teóricos, escritos em circunstâncias diferentes das do meio ambiente brasileiro:

> Apesar de falarem com a experiência [advertia um colaborador de *O Patriota*], "variando" as circunstâncias em que se acharam, das

---

176 Em virtude de fatores advindos ao mesmo tempo de influências "reinóis" e de resquícios da ascendência paulista (Cf. Holanda, Sérgio Buarque de. Metais e pedras preciosas. In: Holanda, Sérgio Buarque de (Org.), op. cit., 1960. t.I, v.2, p.293-4).

> em que nos achamos; servindo ela ali de farol, aqui pode iludir, cumpre portanto ler, mas com escrúpulo e nunca porém praticar o que colhemos da leitura, sem que com estudo do sitio e mais particularidades do caso em que nos achamos, possamos decidir se estamos na mesma circunstância que eles, a fim de ver se os devemos seguir em tudo, ou que descontos é mister dar-lhes. Grande mestra é a teoria, mas deve dar as mãos às lições de prática.[177]

Em 1809, escrevia Hipólito da Costa no *Correio Braziliense* que, tendo os ministros de D. João VI chegado ao Rio, trataram logo de fundar "um Desembargo do Paço, um Conselho Fazenda e uma Junta do Comércio. Precisava-se, porém, pela natureza do país, de um Conselho das Minas, uma Inspeção para abertura de estradas, uma Redação de Mapas, um Exame de Navegação dos rios e *muitas outras medidas próprias do lugar*".[178] Aspecto curioso, produto em parte do fato de participarem dos ensaios de renovação patrocinados pela Coroa e também de sua formação no Antigo Regime, é que, embora conscientes de ser indispensável transformar e adaptar as receitas européias aos problemas brasileiros – muito diferentes dos que assolavam a metrópole –, não pensavam em independência e separação. Criticavam a Coroa, o arcabouço obsoleto da Corte e do clero, o monopólio comercial, as taxas opressivas; comparavam Portugal e o Brasil com outros países da Europa: "quando se compara o sistema de agricultura do Brasil com o da Inglaterra fica tão patente o ponto de civilização de ambas as nações, que o contraste salta aos olhos".[179] Manti-

177 Borges de Barros. Memória sobre o café. *O Patriota*, n.6, junho de 1813, p.43.

178 *Correio Braziliense*, n.6, p.449; Cf. Rizzini, Carlos, op. cit., 1957, p.147.

179 *Correio Braziliense*, n.2, p.489.

nham-se em contato com a revolução do sistema e da técnica agrária inglesa. Em 1807, Fernandes Pinheiro traduzia certos pareceres sobre problemas prementes apresentados à *Mesa da Agricultura* em Londres,[180] e, entre os papéis particulares de José Bonifácio, encontravam-se alguns extratos de um tratado de agricultura de John Nairmith, publicado em Londres, nesse mesmo ano.[181]

Viam o atraso do Brasil e de Portugal em relação ao mundo moderno e queriam começar reformando Portugal. Bem sugestiva dessa preocupação em modernizar a metrópole é a *História de Portugal composta em inglês por uma Sociedade de Literatos* (1809), da qual Hipólito da Costa foi um dos redatores. O seu capítulo sobre as inovações do reinado de D. Maria I oferece particular interesse pelo entusiasmo com que enaltece as iniciativas liberais de caráter cultural e a participação ilustrada dos brasileiros. Em 1813, comentava num artigo que toda despesa com aulas de comércio "tendentes a pôr os portugueses a par dos estrangeiros em conhecimentos mercantis superiores à mera rotina do mostrador, será sempre, por dispendiosa que pareça, uma economia bem entendida".[182] Em 1811, chamava atenção para tradições e dignidade histórica de Portugal entre as nações da Europa: "Portugal existiu como reino independente antes de haver o Brasil" e, sentindo os efeitos do tratado comercial com a Inglaterra, advertia os brasileiros "sobre a importância de estrei-

---

180 *Discurso Apresentado à Mesa da Agricultura sobre vários objetos relativos à cultura, e melhoramento interno do Reino: traduzidos da língua inglesa debaixo dos auspícios e ordem de Sua Alteza Real O Príncipe Regente Nosso Senhor*. Lisboa: Typ. Chalcográphica e Literária do Arco do Cego, 1807.

181 Ver nota 59.

182 *Correio Braziliense*, n.10, p.540; Cf. Rizzini, Carlos, op. cit., 1957, p.179.

tar os laços entre as duas grandes partes da Monarquia, incrementando as relações comerciais".[183]

Também sugestiva da mesma atitude foi a observação de Alexandre Rodrigues Ferreira, em seu *Diário de viagem*, quando da expedição de seis anos pelo interior do Brasil: "conheço que para se reformar o comércio desta e das outras colônias[184] é primeiramente preciso reformá-lo no Reino".[185] Arruda Câmara escreveu tratados conclamando, em 1792, os lavradores portugueses para reformar e introduzir inovações na agricultura do Reino.[186] No mesmo sentido, foi a memória do brasileiro José Vieira Couto, de Minas Gerais, sobre as salitreiras de Monte Rorigo (1803) e os anos de atividade incansável de José Bonifácio em Portugal, que seriam significativamente revividos nas páginas de *O Patriota*.[187] Dele e de Câmara Bittencourt (ambos "cientistas" brasileiros) partiu o conselho para D. Rodrigo fundar a "Intendência Geral das Minas e Metais do Reino", da qual José Bonifácio participou durante muitos anos; supervisionou também os trabalhos de uma mina de carvão em Buarcos;[188] publicou uma memória sobre a

---

183 *Correio Braziliense*, n.3, p.691; Cf. Rizzini, Carlos, op. cit., 1957, p.179.

184 A propósito do tom cosmopolita e europeu, ver supra p.14.

185 Corrêa Filho, Virgílio, op. cit., 1939, p.59.

186 Arruda Câmara, Manuel de. *Aviso aos lavradores, sobre a inutilidade da suposta fermentação de qualquer qualidade de grão ou pevides, para o aumento da colheita, segundo um anúncio, que se fez ao público*. Of. de Antônio Rodrigues Galhardo, impressor da Sereníssima Casa do Infantado, 1797.

187 Andrada e Silva, José Bonifácio. Memória sobre as minas de carvão de pedra de Portugal. *O Patriota*, n.1-3, mês de 1813. Ver também Andrada e Silva, José Bonifácio, op. cit., 1964, v.I, p.109.

188 Baltazar da Silva Lisboa, Alexandre Rodrigues Ferreira e João da Silva Feijó também foram encarregados pelo ministro Martinho de Melo e Castro de examinar essa mina de carvão em Buarcos. Baltazar da Silva Lisboa ocupou-se ainda do estudo dos depósitos de chumbo em Coja, bispado de Coimbra, de que

necessidade e utilidade do plantio de novos bosques em Portugal; realizou experiências tentando fundir ferro com cepa em Figueiró. "Sonhou com uma fábrica de aço em Machuca e outra especialmente de armas para o exército; rejubilava-se com a descoberta de um novo veio de carvão no Porto"; ocupava-se ainda com uma mina de ouro, fundições, reflorestamento, serviços de água, fábrica de seda, de tecidos etc.[189]

Com o estudo "Observações acerca do carvão de pedra da Freguesia da Carvoeira" (setembro de 1789) José Bonifácio entrou para a Real Academia de Ciências e obteve a chefia da expedição científica, patrocinada por D. João Carlos de Bragança, pelos principais centros intelectuais e industriais da Europa, a fim de estudar novos processos mineralógicos a serem introduzidos no reino.[190] De volta a Portugal, em 1798, distinguir-se-ia como "o verdadeiro conselheiro do governo português em todas as questões e iniciativas públicas e particulares, referentes à sua especialidade".[191] Ao mesmo tempo que era encarregado de reformar toda a legislação mineira e de preparar o futuro alvará de 13 de maio de 1803,[192] procurou reviver as fundições de Figueiró,

---

presta contas em sua "Memória de uma Viagem à Serra da Estrela" (Lisboa, Bento da Silva, op. cit., 1840, p.385). Alexandre Rodrigues Ferreira reuniu e descreveu os produtos naturais do Real Museu da Ajuda (Manuel José Maria da Costa e Sá, op. cit., (não foi citado antes) p.501). Manuel Ferreira da Câmara publicou, em setembro de 1789 na Academia Real de Ciências de Lisboa, observações sobre o carvão de pedra da freguesia de Carvoeira, que levantava por ordem do rei (Sigaud, op. cit., 1842, p.515).

189 Sousa, Otávio Tarquínio de, op. cit., 1945, p.58-9.

190 Mendonça, Marcos Carneiro de, op. cit., 1958, p.15.

191 Ibidem, p.29.

192 Ibidem, p.30.

instando junto ao rei sobre a urgência de fabricar os próprios meios de defesa, em vez de importá-los da Inglaterra.[193] Chamava também a atenção do governo para o absurdo de se importar cobre da Inglaterra para cunhagem da moeda, quando poderiam comprá-lo de Montevidéu e Buenos Aires.[194]

Quase não se vislumbravam idéias de separação entre os ilustrados brasileiros. Sobretudo depois da vinda da família real para o Brasil, pareciam inteiramente identificados com a idéia de um grande império português, centralizado na América, e eram muito sutis e indiretos os meios de que lançavam mão para criticar o governo. Imbuído de idéias reformadoras, mas sempre no intuito de orientar a Coroa e não de romper com ela, revivia, por exemplo, o redator de *O Patriota*, antigos papéis dirigidos aos soberanos no século XVII, contendo conselhos e críticas à política de intolerância e privilégios do reino, como foi o caso de um escrito do Padre Vieira atribuindo, de um lado, à falta de comércio o grande obstáculo à grandeza de Portugal e, de outro, à intolerância da Inquisição o exílio voluntário de muitos negociantes do reino.[195] O "Discurso sobre a introdução das artes no reino", escrito por Duarte Ribeiro de Macedo, na corte de Paris, em 1675, dando indiretamente nova força aos argumentos do século XVIII pela industrialização de Portugal.[196]

Mesmo entre os ilustrados brasileiros perseguidos pela Inquisição, como foi o caso de Sousa Nunes, acusado de "herege, naturalista" e de ser contra o sacramento do matrimônio, ou de Melo Franco, autor de *O reino da estupidez*, e do próprio editor

---

193 Ibidem, p.30.

194 Ibidem, p.74.

195 *O Patriota*, n.2, março e abril de 1814, p.35.

196 *O Patriota*, n.2, agosto de 1813, p.41, continua no n.3, setembro de 1813, p.49.

do *Correio Braziliense*, acusado de ser maçom, não parecia ter repercussão a idéia de uma ruptura com a metrópole.

Pode-se dizer que somente desistiram de seus sonhos de reformar o reino, anos depois da vinda da família real, quando se acentuaram as diferenças de interesse entre brasileiros e portugueses; no momento em que a união se tornou incômoda demais, e somente então, aceitaram a idéia de uma separação. Já foi observado a respeito dos intelectuais cientistas brasileiros de fins do século XVIII, que se identificaram, como em raros outros momentos se identifica a inteligência de uma nação, com os interesses materiais das camadas dominantes da colônia "que de certa forma eram os interesses reais do Brasil, dando-lhes roupagem ideológica e cooperação na luta".[197] Dentre eles, muitos lutavam por um liberalismo econômico moderado, o qual, aliás, fazia parte da ideologia da ilustração – a própria Mesa Censória licenciara a obra de Adam Smith em 1791, embora sob algumas ressalvas[198] – e parecia perfeitamente compatível com seus privilégios políticos e sociais. Filhos em sua maioria da elite rural brasileira, nunca pretenderiam um liberalismo democrático. As memórias sobre agricultura e comércio de Alexandre Rodrigues Ferreira,[199] de José Elói Ottoni (1798),[200] de Azeredo Coutinho[201] e de José

197 Souza, Antonio Candido de Mello e, op. cit., 1959, v.I, p.236.

198 Cf. "Catálogo de livros defezos neste Reino, desde o dia da Criação da Real Mesa Censória até ao presente" (1764-1814), publicado em apêndice ao livro de Maria Adelaide Salvador Marques, op. cit., 1963.

199 Ferreira, Alexandre Rodrigues. Estado presente da agricultura no Pará em 1784 e Memória sobre os engenhos de branquear arroz no Estado do Pará, manuscritos da Biblioteca Nacional. Cf. Corrêa Filho, Virgílio, op. cit., 1939, p.224.

200 Cf. nota 44.

201 Coutinho, José Joaquim de Azeredo. *Discurso sobre o Estado atual das Minas do Brasil, dividido em quatro capítulos. No primeiro mostra-se que as Minas de ouro são*

Bonifácio foram ilustrativas dessa posição moderada. Também o foram os escritos de João Rodrigues de Brito e Ferreira da Câmara, redigidos em resposta à consulta feita pelo Conde da Ponte aos Senados da Câmara de algumas vilas da capitania da Bahia, sobre os motivos de opressão e os obstáculos ao progresso da lavoura, que colocou em pauta o problema dos monopólios ou o da completa liberdade da agricultura e do comércio.[202]

Além da finalidade prática e da inclinação pragmática da obra desses médicos e naturalistas dos fins do século XVIII, um fenômeno curioso de ordem social, a variedade de cargos e ocupações a que o meio os conduzia, veio acentuar a importância do estudo de sua mentalidade para compreensão das diretrizes políticas e do clima sociocultural do Brasil, nos fins do período colonial. Elite reduzida, falta de homens capazes, foram em virtude de tais circunstâncias freqüentemente levados a trocar os gabinetes de estudos por ocupações administrativas ou cargos políticos e judiciários.[203] Verdade que a versatilidade de interesses e ocupações era fenômeno próprio da cultura da época, também na Europa, e que o mesmo panorama caracterizou a França pós-revolucionária. O que importa, contudo, é ressaltar no Brasil a participação de muitos desses estudiosos na vida pública,

---

prejudiciais a Portugal. No segundo mostra-se a necessidade que há de se estabelecerem Escolas de Mineralogia nas praças principais das Capitanias do Brasil, especialmente nas de São Paulo, Minas Gerais, Goiás, Mato Grosso. No terceiro apontam-se os meios para se facilitarem as descobertas da História Natural e dos ricos tesouros das Colônias de Portugal. No quarto apontam-se os meios de se aproveitarem as produções e a agricultura do continente das minas que, aliás, é já perdido para o ouro. Lisboa: Impressão Régia, 1804.

202 Brito, João Rodrigues de. *Cartas econômico-políticas sobre a agricultura e comércio da Bahia*. Lisboa: Imprensa Nacional, 1821.

203 Souza, Antonio Candido de Mello e. *Literatura e sociedade*. São Paulo: Nacional, 1965.

decorrente da acumulação de interesses científicos e cargos administrativos e políticos. Tal foi o caso, durante os anos da Independência e do primeiro reinado, de José Bonifácio, Antônio Carlos, Martim Francisco, Vilela Barbosa, Ferreira da Câmara, João Severiano Maciel da Costa, Manuel Ferreira de Araújo Guimarães, Ribeiro de Resende, Felisberto Caldeira Brant, Antônio Gonçalves Gomide, Rodrigues da Costa, e outros deputados à Constituinte de 1823.[204]

Muitos desses intelectuais de tendência empírica que associavam aos estudos jurídicos os científicos, quando não se dedicavam exclusivamente às ciências, figuraram no movimento da In-

204 Cerca de 55 deputados à Constituinte de 1823 eram formados em cursos superiores. Cabe aqui uma revisão dos dados fornecidos por Homem de Melo em seu estudo "A Constituinte perante a História" (Homem de Melo. *Escritos históricos e literários*, Rio de Janeiro: Laemmert, 1868, p.1). Segundo esse autor, a grande maioria, isto é 37, dos deputados teria formação puramente jurídica. Desses, cinco não constam das listas de estudantes brasileiros nas universidades européias e vinte formaram-se simultaneamente em Leis e em um dos ramos das ciências. Homem de Melo indica, por exemplo, como bacharel em Direito Jacinto Furtado de Mendonça, que na verdade seguiu em Coimbra os cursos de Matemática e Filosofia; ao referir-se a Cipriano José Barata de Almeida esquece que era formado em Matemática e Filosofia (1786-1790). Indica apenas como desembargadores homens como Francisco Carneiro de Campos, Antônio Ferreira França, João Severiano Maciel da Costa, José Teixeira da Fonseca Vasconcelos, Antônio Carlos Ribeiro de Andrada, José Bonifácio de Andrada e Silva, Antônio Ribeiro Veloso de Oliveira, Antônio José Duarte de Araújo Gondin, Bernardo José da Gama, e como bacharéis em Direito Pereira da Cunha, Luís José de Carvalho e Melo, Manuel Pinto Ribeiro de Sampaio, Estevão Ribeiro de Resende, José Arouche de Toledo Rendon, D. Nuno Eugênio (Pereira) de Lócio e Seiblitz – todos eles com uma especialidade científica (cf. Morais, Francisco de, op. cit., v.62 e Morais, Francisco de, op. cit., 1949). Na verdade, 34 Deputados à Constituinte de 1823 eram formados em Ciências (12 em Matemática e Filosofia Natural; 9 em Matemática, 5 em Filosofia Natural; 3 em Medicina; 3 em Medicina e Matemática e 2 simultaneamente em Matemática, Filosofia e Medicina), enquanto 21 se diplomaram apenas em Direito).

dependência, na Constituinte de 1823, e alguns foram políticos importantes durante o Primeiro Reinado e a Regência, embora as circunstâncias políticas e econômicas já não favorecessem ou estimulassem o sucesso de seus empreendimentos. Procuraram dar à política, nesses primeiros tempos de formação da nacionalidade brasileira, uma feição essencialmente moderada, a marca de uma liberdade bem entendida,[205] preocupando-se, sobretudo, com a ordem, e lutando para manter a unidade do país e um executivo forte. Alguns terão em sua carreira de homens públicos a obsessão da conduta puramente prática ou "técnica", procurando esquivar-se do "emaranhado" do jogo político e evitando em seus discursos as abstrações filosóficas. Foi o caso de Ferreira da Câmara, o qual, como deputado, haveria de preocupar-se estritamente em fomentar o progresso "técnico" e científico e em zelar pela conservação e boa aplicação dos recursos minerais e vegetais do Brasil.[206] O fenômeno moderado de nossa Independência, parcialmente explicado pelas circunstâncias políticas externas que trouxeram para o Brasil a Corte e o arcabouço administrativo da metrópole, também parece ter raízes na mentalidade desses intelectuais práticos e homens de ação que imprimiram, na história dos primeiros tempos do Império, a marca de suas origens na aristocracia rural, de sua formação no Antigo Regime e da sua participação no despotismo ilustrado de D. Rodrigo.

A natureza pragmática de seus estudos, a atividade científica sob uma política de Estado que procurava ser inovadora e fazer

---

205 Conforme se exprimia Manuel Ferreira da Câmara, em 1822, ao pedir demissão de seu cargo de intendente para aderir ao movimento de independência (Mendonça, Marcos Carneiro de, op. cit., 1958, p.244).

206 Ibidem, p.260.

reformas – se não políticas e sociais, pelo menos técnicas –, trazia o selo do despotismo ilustrado, que procurava impulsionar e estimular os estudos científicos de finalidade prática, principalmente de mineralogia e história natural, em detrimento dos estudos políticos e filosóficos, sempre mais perigosos para os antigos privilégios e para a ordem constituída. Nesse sentido, parece-nos curiosa a expressiva "adesão" de muitos vultos da época, que renunciaram a veleidades revolucionárias para oferecer seu préstimo na faina progressista de um governo ilustrado, que não hesitava, aliás, em aproveitá-los, apesar da natureza rebelde de seus antecedentes. Foi o caso de José de Sá Bittencourt e Accioli, denunciado pelo Visconde de Barbacena como implicado na conspiração de Tiradentes e mais tarde incumbido por D. Rodrigo de Souza Coutinho de uma missão de estudos de certas minas de salitre na Bahia,[207] assim como de José Alvares Maciel, que de Massangano, em Angola, para onde fora deportado, escrevia para o mesmo ministro uma "Memória sobre a Real Fábrica de Ferro de Nova Oeiras", numa tentativa de fazer que o governo a revivesse.[208]

A Imprensa Régia nos ofereceu um quadro ilustrativo dessa orientação dos estudos, graças ao arrolamento de suas publicações até 1822, feito por Vale Cabral. Predominaram até 1814 (dois anos após a morte de D. Rodrigo), em meio à oratória religiosa dos sermões e das publicações governamentais, os estudos científicos, em sua maioria traduzidos, mas com uma razoável proporção de trabalhos originais. A partir desse ano, deu-se uma sensível quebra da atividade científica da imprensa, apesar da continuação

207 Cf. nota 56.

208 Cf. Mendonça, Marcos Carneiro de, op. cit., 1958, p.67.

dos esforços culturais pelo Conde da Barca, com um aumento gradativo das publicações de decretos oficiais e administrativos, até as vésperas da Independência, quando a fermentação política cresceu a ponto de excluir qualquer outro gênero de impresso. Foi sobretudo depois de 1821 que começaram a surgir panfletos de temas sociais e raciais, preocupados com a situação dos negros e dos índios – preciosos para o estudo da evolução de uma consciência social brasileira, como o de João Severiano Maciel da Costa sobre a abolição do tráfico[209] ou, ainda mais sugestivo pelo pitoresco do título e horizontes que desvendava, a *Carta de um compadre de São Francisco do Norte ao filho do compadre do Rio de Janeiro, acusado de ter os índios de cavalos e de não conceder aos negros dignidade maior que a de Reis do Rosário e de asseverar que o Brasil ainda agora está engatinhando* (1821).

A política de Pombal com relação aos jesuítas, no entanto, pusera em evidência os problemas da população indígena desde meados do século XVIII. Alexandre Rodrigues Ferreira,[210] Baltazar da Silva Lisboa,[211] Azeredo Coutinho,[212] José Arouche de Toledo Rendon (1798)[213] e Alves Branco[214] – antes de José

---

209 *Memória sobre a necessidade de abolir a introdução dos escravos africanos no Brasil, sobre o modo e condições com que esta abolição se deve fazer; sobre os meios de remediar a falta de braços que ela pode ocasionar.* Coimbra: Imprensa da Universidade, 1821.

210 Ver, em Corrêa Filho, Virgílio, op. cit., 1939, p.223, a relação das obras etnográficas de Alexandre Rodrigues Ferreira.

211 Baltazar da Silva Lisboa foi encarregado pelo Conde dos Arcos, em 1813, da mudança de uma aldeia de índios da freguesia de Almada, para a construção de uma estrada (Lisboa, Bento da Silva, op. cit., 1840, p.401).

212 Holanda, Sérgio Buarque, op. cit., 1966, p.33.

213 Rendon, José Arouche de Toledo. Memória sobre as aldeias de índios de São Paulo (1798). *RIHGB,* v.4, 1842, p.295.

214 Barreto, Domingos Alves Branco. Plano sobre a civilização dos índios do Brasil (1788). *RIHGB,* v.19, 1856, p.33.

Bonifácio[215] – ocuparam-se do assunto, evoluindo, porém, a maneira de focalizá-lo na medida em que se transformavam os interesses, de início puramente administrativos ou etnográficos, na preocupação com a sua integração na sociedade. Em novembro de 1816, ordenava o Marquês de Aguiar que se recolhesse da circulação o folheto intitulado "O Preto e o Bugio no Mato", "cujos discursos em forma de diálogo são mui pouco próprios para serem divulgados neste Reino onde há muitos escravos".[216]

Apesar do realce da figura de José Bonifácio, como cientista e como político, o que o distinguia de certa forma dos demais, a transferência de suas preocupações com assuntos mineralógicos e materiais para os da sociedade brasileira pode ser tomada como ilustrativa do que se passou com toda a sua geração, como também o foi a permanência nele de certo pragmatismo e racionalismo próprio de um grupo de estudiosos voltados para as reformas concretas. Ainda em Portugal, planejava uma Companhia Metalúrgica para o Brasil e, em 1803, fazia a revisão "para o Bem do Brasil" dos estatutos do regulamento da mineração elaborado por seu companheiro Ferreira da Câmara; em 1814, publicava, em *O Patriota*, um tratado sobre a técnica rural e outro sobre "Experiências químicas com a quina do Rio de Janeiro". Quando,

---

215 "A sorte daqueles índios, assim como a dos de Guarapuava no distrito de Curitiba, merece toda nossa atenção para que não ajuntemos ao tráfego vergonhoso e desumano dos *desgraçados* filhos d'Africa, o ainda mais horrível dos infelizes índios de que usurpamos as terras e que são livres não só conforme a razão mas também conforme as leis" (Andrada e Silva, José Bonifácio e Andrada, Martim Francisco Ribeiro de. Viagem mineralógica na Província de São Paulo. Traduzida para o francês pelo conselheiro Antônio de Meneses Drummond e publicada no *Journal des Voyages*. In: Andrada e Silva, José Bonifácio, op. cit., 1964, v.I, p.524-5).

216 Ofício para o Conde de Palma, governador da capitania de São Paulo, datado de 14 de novembro de 1816 (*Documentos Interessantes*, v.36, p.33).

de volta a Santos, retomou os mesmos estudos de feição prática, escrevendo sobre a necessidade de reflorestamento, contra o uso das queimadas, sobre o modo de afugentar cobras e evitar mosquitos, sobre a conveniência de aproveitar a semente do algodão, melhor que o da mamona para o fabrico do azeite, preparou com minúcia os estatutos de uma "Sociedade Econômica", que pretendia fundar em São Paulo, prevendo um gabinete de física, outro de história natural, duas fazendas experimentais, coleções de livros de botânica e mineralogia, boletins de informação e assistência aos lavradores.

Contudo, a partir da viagem mineralógica pelo interior de sua capitania, em 1820, quando foi em companhia de Martim Francisco visitar as minas de ferro de Sorocaba, passando por Itu e Pirapora,[217] sob a influência da efervescência do ambiente político, pareceu voltar-se com uma nova visão, profunda e realista, para o que considerava certas deformações da sociedade brasileira, com as quais não seria possível constituir uma nação livre: a miséria e exploração dos índios e a escravidão negra. Entretanto, num poema dessa época, que dedicou a D. João VI, revelou-se ainda o cientista pragmático e reformador da sociedade, instando-o a que "não desprezasse os socorros da Botânica, da Medicina e da Química", pois por meio delas é que se poderia acabar com a "imunda vestidura da pobreza".[218] Como político e estadista, seria apenas normal que os problemas sociais passassem a ocupar o primeiro plano de suas preocupações. Revelou idéias avançadas e uma visão profunda nas "Instruções para os deputados paulistas às cortes de Lisboa", que redigiu em 1821, e

217 Andrada e Silva, José Bonifácio, op. cit., 1964, v.I, p.503.

218 Sousa, Otávio Tarquínio de, op. cit., 1945, p.136.

também nos *Apontamentos para a civilização dos índios bravos do Brasil.* "No Brasil", escrevia ele, "há um luxo grosseiro a par de infinitas privações de coisas necessárias".[219] Previa a necessidade da miscigenação das raças, a urgência em promover a imigração européia para substituir o braço escravo,[220] e sugeria uma reforma do sistema de terras com predomínio da pequena propriedade. Seu liberalismo, porém, tendia mais para o socialismo de Estado e, nesse sentido, enquadrou-se nas tendências dominantes entre os "ilustrados" de sua geração,[221] embora fugisse às soluções normais da época e aos interesses então no poder.

Não nos ocupamos, nem pretendemos julgar as obras mais puramente científicas dessa fase, como os primeiros ensaios de História Natural do Brasil, segundo o sistema de Lineu, de frei Veloso ou de Amorim de Castro ou a obra de Alexandre Rodrigues Ferreira; nem com os trabalhos no gênero da relação dialogada dos animais, plantas e objetos naturais, escritos em Cuiabá,

---

219 Ibidem, p.140.

220 A emancipação dos escravos era naturalmente uma das condições para a redenção da humanidade prevista pelos ilustrados. Embora fosse em geral assunto evitado entre brasileiros, aparece volta e meia em seus escritos, como é o caso de uma memória sobre a capitania de Goiás, escrita em Vila Boa, em 30 de setembro de 1812, em que o autor sonha ver as águas dos rios movendo pesadas máquinas "que poupem o trabalho dos homens". (*O Patriota*, n.6, novembro e dezembro de 1814, p.36) ou a de uma outra, escrita em Vila Rica em 1º de novembro de 1803, em que o autor assevera que Minas Gerais "há de dar ainda mais ouro do que tem dado, logo que seus trabalhos não sejam feitos por escravos" (*O Patriota*, n.6, junho e julho de 1814, p.83).

221 Quando da iniciativa de Francisco Agostinho Gomes de formar na Bahia uma companhia para a fabricação do ferro e cobre, aprovada por uma carta régia de 1799, apesar de ter sido indicado como "sócio-metalúrgico", escrevia Manuel Ferreira da Câmara para D. Rodrigo de Souza Coutinho que tal gênero de atividade deveria caber sempre ao Estado, decaindo logo nas mãos de particulares, desaconselhando, pois, o ministro de licenciar tal empreendimento (Mendonça, Marcos Carneiro de, op. cit., 1958, p.101).

em 1769, por José Barbosa de Sá;[222] nem pretendemos fazer um estudo do trabalho de divulgação das coisas do Brasil, realizado por esses estudiosos na Europa, do qual é bem representativa a memória de José Bonifácio sobre os diamantes brasileiros, apresentada à Sociedade de História Natural de Paris[223] (trabalho realizado, é claro, dentro do limite de suas possibilidades e que seria completado depois de 1808 pelas obras dos viajantes estrangeiros).

Também não podemos analisar ou tentar avaliar os tratados de Matemática, Física, Astronomia, Medicina etc. que pertencem ao âmbito da História Científica, embora alguns sejam ainda hoje considerados excepcionais, como é o caso do *Tratado sobre a educação física dos meninos* de Melo Franco (1790).[224] Preferimos antes lembrar as condições em que se formaram e certos aspectos como o pragmatismo de sua mentalidade voltada para as aplicações práticas, que desempenhou papel na tomada de consciência nacional e que avultou na bibliografia brasileira dos últimos tempos coloniais. Seria difícil avaliar sistematicamente os resultados concretos a que chegaram ou os obstáculos que teriam dificultado a difusão e limitado o alcance de sua obra de ilustração entre os dois milhões de habitantes em que consistia aproximadamente a população do Brasil na época.

A verdade é que sua obra se enquadrou numa fase efêmera de desenvolvimento e expansão econômica, que se abriu para a

---

222 Publicada na *RIHGB*, n.13, 1850, p.138.

223 Andrada e Silva, José Bonifácio. Memoire sur les diamants du Brésil, lu à la Société d'Histoire Naturelle de Paris (1792). In: Andrada e Silva, José Bonifácio, op. cit., 1964, v.I, p.49.

224 Franco, Francisco de Melo. *Tratado da educação física dos meninos, para uso da nação portuguesa*, publicado por ordem da Academia Real de Ciências de Lisboa. Lisboa: Of. da Academia Real de Ciências, 1790.

grande lavoura colonial, desde as lutas de Independência norte-americana e durante a Revolução Francesa e as guerras napoleônicas. Seus estudos foram uma tentativa de romper com a estagnação que caracterizava o panorama das técnicas de produção e de animar o surto de novas culturas, que marcou os fins do século XVIII, promovendo a expansão do comércio em seus mais variados ramos pelo Brasil; pois

> é o único canal, por onde se derrama em um país a abundância, as riquezas públicas e particulares, as luzes e os mais importantes conhecimentos e enfim a geral satisfação dos povos, atraindo para si, pela necessária concorrência de diversos indivíduos, tudo quanto é útil e de proveito para fazer o homem mais civil, polido, dócil, pacífico, tratável e empreendedor de grandes cousas, no que consistem as delícias das sociedades.[225]

Tem-se a impressão de que a Independência veio refrear um pouco os sonhos dos ilustrados brasileiros – sonhos que envolviam visões otimistas não somente de progresso material, como também de regeneração social, e que despontavam, às vezes, francas e exuberantes, apesar de todas as restrições do meio e dos interesses a que estavam ligados, antecipando uma transfiguração idealista do novo Império americano:

> E que quadro tão brilhante se apresenta agora à minha imaginação! Eu vejo reduzidos à sociedade civil tantos milhões de habitantes selvagens, que nos rodeiam, tornados em cidadãos úteis e laboriosos; vejo povoadas as margens de tantos rios navegáveis, girando por todas as partes as embarcações com as produções do país, e ao mes-

225 Feijó, João da Silva. Memória sobre a capitania de Ceará. *O Patriota*, n.2, março e abril de 1814, p.24.

> mo tempo empregadas as águas em mover pesadas máquinas, que poupem o trabalho dos homens, vejo adiantadas as Artes e as Ciências, promovendo a Indústria, animando o Comércio; penetrados os sertões e descobertas as suas preciosidades; vejo marchar de um passo igual a Agricultura e a Mineração, cobertas de rebanhos as campinas; coroados de vinhas os oiteiros; crescerem as povoações; fundarem-se cidades. É verdade que para isto é preciso tempo, são precisos dispendiosos sacrifícios; mas nada é impossível. Os grandes Reinos tiveram o seu princípio em pequenas sociedades: em dois homens principiou a população do Universo...[226]

A fé com que esperavam obter resultados imediatos de seus trabalhos parece-nos hoje um otimismo exagerado, como o que exprimiu frei Veloso, a respeito de sua *Memória sobre a prática de fazer salitre*, ao lembrar "o quanto a obra viera incrementar a exportação daquele produto no Brasil"[227] e de novo, no prefácio ao compêndio do francês Dutrone sobre a cana, dedicado a D. João VI, ao comentar que, apesar das falhas de sua tradução, "tem sido tal o efeito das soberanas e eficazes ordens de V. A. R., que os povos do Brasil se têm acoroçoado a grandes reformas nas suas práticas rurais".[228]

A viabilidade de tais reformas, como bem o demonstraram as experiências inauguradas pelo Morgado de Mateus, com o arado pesado, na Capitania de São Paulo, incompatível com o tipo de solo e vegetação tropical,[229] era incerta, assim como a

226 Memória sobre o descobrimento, governo, população e cousas mais notáveis da capitania de Goiás. *O Patriota*, n.6, novembro e dezembro de 1814, p.36.

227 Gama, José de Saldanha da, op. cit., 1868, p.173.

228 Ibidem.

229 Holanda, Sérgio Buarque de. *Caminhos e fronteiras*. Rio de Janeiro: José Olympio, 1957. p.248-9.

força de atuação dos conhecimentos teóricos sobre o espírito de rotina: "Será por extremo custoso desviar os povos dela, naturalmente aferrados aos seus antigos costumes",[230] escrevia Melo Castro em 1800. Em outra ocasião, o governador da mesma capitania oficiava a D. Rodrigo de Souza Coutinho sobre "a negligência e descuido que tem havido em se cultivar as artes e as ciências" e a falta de compradores para os impressos que recebera: "não há quem se anime a comprar um só livro, de maneira que muitos dos que se têm espalhado, têm sido dados por mim".[231]

Em alguns ofícios de 1802, queixava-se D. Rodrigo do pouco resultado que tinham tido tantos livros e folhetos mandados im-

230 Ofício de Antônio Manuel de Melo Castro e Mendonça para D. Rodrigo de Souza Coutinho sobre as dificuldades da introdução do arado na capitania de São Paulo, datado de 8 de janeiro de 1800 (*Documentos Interessantes*, v.29, p.142).

231 *Documentos Interessantes*, v.30, p.37. Em ofício de 9 de janeiro de 1800, voltava Antônio Manuel de Melo Castro e Mendonça ao mesmo assunto: "estes livros não têm tido nesta capitania a extração que mereciam e que eu me prometi quando os recebi" (*Documentos Interessantes*, v.29, p.146-7); cf. a "Relação dos livros que existem em ser" e que iam se acumulando porque o governador não os conseguia vender entre os lavradores paulistas (v.30, p.146), completada por uma "2ª Relação dos livros que existem em ser na mão do administrador Francisco Álvares Ferreira do Amaral" (v.30, p.228-9), que enumera além de cerca de 385 exemplares de vários tomos de *O fazendeiro do Brasil*, muitos outros volumes editados pela tipografia do Arco do Cego: 28 exemplares da *Cultura e opulência do Brasil* de Antonil, editado por frei Veloso; 71 da *Cultura americana;* 47 exemplares de uma obra sobre os açúcares do Rio de Janeiro; 23 de um estudo sobre as árvores açucareiras em geral; 68 volumes de um livro intitulado *Considerações cândidas sobre o açúcar;* 36 volumes sobre os alcalis fixos; 19 sobre os álcalis iluminados; 205 volumes de uma coleção inglesa sobre a cultura de linho e 250 sobre o cânhamo; 37 sobre o cultivo da batata; 93 sobre a canela de Goa; 105 sobre o cravo giroflê; 102 sobre a cultura da urumbeba; 67 sobre a quina do Brasil; 36 exemplares da "Memória sobre a cultura dos algodoeiros" de Arruda Câmara; além de 48 livros sobre medicina (métodos de prevenir a peste, sobre lazaretos, os vermes intestinais etc.); 57 tratados de mineralogia, mais 21 sobre a extração do salitre e alguns livros de instruções "técnicas" sobre o queijo de Roquefort, o fumo; sobre a estamparia, catecismo, cantos heróicos, histórias da América etc.

primir por S.A.R.[232] Já em fevereiro desse ano, aconselhava Melo Castro a distribuição gratuita desses impressos entre os lavradores em vez de tentar vendê-los: "a fim de tirarem de suas lições aquelas vantagens que S.A. se propôs quando os mandou imprimir ou então de se pagá-los pela nova contribuição literária da Capitania para não haver prejuízo da Real Fazenda".[233] A insistência na venda e a preocupação de evitar prejuízos eram obstáculos suplementares à política da Coroa – agravados pelas dificuldades de se aplicarem nos trópicos instruções destinadas ao clima temperado.[234]

Muitos lavradores ilustrados chegaram a introduzir técnicas novas, principalmente na Bahia, mas a crise geral que vinha afetando os principais setores da economia colonial desde fins do século XVII reviveu em fins do século XVIII. O surto da cana seria novamente atrofiado pela volta à atividade dos lavradores antilhanos, o fumo teria decaído por causa da repressão ao tráfico levado a efeito pelos ingleses a partir de 1810, e o algodão não pôde enfrentar a concorrência técnica superior dos norte-americanos, logo no primeiro quartel do século XIX. Tudo isso,

232 Memória apresentada ao governador de São Paulo Antônio José da Franca e Horta pelo seu antecessor Antônio Manuel de Melo Castro e Mendonça, a 28 de dezembro de 1802 (*Documentos Interessantes*, v.44, p.142).

233 Ibidem.

234 *Documentos Interessantes*, v.30, p.146. O uso do arado nos trópicos implicava um trabalho suplementar de limpeza das terras (v.29, p.142); ou as dificuldades a que se refere o governador de São Paulo, em ofício de 16 de janeiro de 1800, com que deparavam ao tentar aclimatar o cânhamo na capitania: as instruções contidas nos folhetos que lhes tinham sido enviados sobre a época da semeadura não vingavam em sua capitania pelo fato de as estações não coincidirem com as da Europa; salientava também a absoluta impossibilidade de fomentar tal cultura em Paranaguá e Curitiba dentro dos limites de gastos fixados pela Coroa: 5$000 não chegavam sequer a cobrir o frete dos navios (v.29, p.156).

mais uma série de fatores internos, acarretou uma estagnação da grande lavoura, impedindo a generalização e a propagação dos esforços dos cientistas pragmáticos e dos reformadores ilustrados da época, parecendo mesmo ter havido um retrocesso da técnica rural na primeira metade do século passado, já que, em sua primeira fase de expansão, o café, como uma cultura particularmente rudimentar e predatória, exigiria pouco esforço técnico. Segundo Alice Canabrava:

> Teriam fracassado as tentativas do século XVIII de introduzir sementes de fumo da Virgínia e Maryland, com suas respectivas técnicas de cultivo, assim como outras feitas no sentido de elevar o nível técnico das instalações dos engenhos, aproveitando as vantagens reveladas pelos aperfeiçoamentos realizados nas áreas açucareiras das Antilhas.[235]

As técnicas da Revolução Industrial mal teriam penetrado no Brasil ao findar o período colonial. A famosa máquina de descaroçar algodão, inventada por Ely Witney em 1793, não teria chegado a ser conhecida no Brasil antes da Independência.

Todos esses fatos não invalidam e tornam mais curioso o estudo dos esforços e inovações introduzidas no Brasil durante a fase de prosperidade, que marcou a transição de século e que, aliás, explica em grande parte esse movimento inovador. O alcance real de suas inovações mereceria ser avaliado com mais vagar, mas o que realmente nos interessa é o estudo de certas peculiaridades de seu pensamento, que lançam raízes pelo século XIX adentro.

---

235 Canabrava, Alice Piffer. A grande propriedade rural. In: Holanda, Sérgio Buarque de (Org.), op. cit., 1960. t.I, v.2, p.216-7.

Em 1825, frei Antônio de Arrábida descobriu a *Flora fluminense* e a fez publicar na tipografia nacional, sob os auspícios de D. Pedro I. Esse contato representou um elo numa cadeia ininterrupta, pois foram múltiplos os laços de continuidade entre os ilustrados e a geração romântica de após a Independência.

Sob o prisma literário e poético, contribuíram bastante para o despertar do sentimento da natureza, que se tornou mais viva, menos formal e mais concreta. Antonio Candido faz referência ao naturismo didático dos poemas de José Bonifácio e Vilela Barbosa.[236] Nesse sentido, nada nos pareceu mais expressivo do que o prefácio de frei Veloso ao seu *Tratado sobre as aves ou aviário brasílico*, em que iniciava os textos num tom caracteristicamente racional e pragmático, para abandonar-se depois à alegria da natureza:

> Quem poderá calcular e expor todos os proveitos e ornamentos que resultam das aves? Elas despertam e movem os nossos sentidos, enfeitam e aformoseam o mundo e o fazem agradável; amigavelmente conversam conosco no retiro das solidões; e por todas as partes nos cercam em torno, saltam ligeiras e revoam alegres... belas e suaves cantoras da natureza, transportadas da maior alegria...[237]

Por sua vez, os poemas latinos de José Rodrigues de Melo, reeditados em 1798, ao mesmo tempo que celebravam a natureza nos moldes clássicos, aproximavam-se desses intelectuais cientistas pelos pormenores práticos e técnicos com que descreviam

236 Souza, Antonio Candido de Mello e, op. cit.(Lit e sociedade.), p.125.

237 Veloso, José Mariano da Conceição (frei). *Aviário brasílico ou galeria ornithológica, das aves indígenas do Brasil, disposto e discripto segundo o sistema de Carlos Lineu.* Copiado do natural e dos melhores autores. Lisboa: Of. da Casa Literária do Arco do Cego, 1800.

a lavoura e o uso da "brasílica raiz", do fumo e da criação de bois.[238] O *Discurso sobre a utilidade da instituição de jardins nas principais províncias do Brasil*, de Arruda Câmara, publicado na Imprensa Régia, em 1810, assim como a tradução de um poema do francês Delille, sobre a arte de aformosear os jardins, editado na Imprensa Régia, em 1812, demarcaram outras etapas desse processo, depois da vinda da Corte para o Rio.

Além disso, certo realismo dos românticos brasileiros na descrição concreta de pormenores vivos da natureza e de usos e costumes pode ser traçado, em parte, pela influência dessa geração de estudiosos práticos e "ilustrados", pelos tratados descritivos e pela literatura de viagem que criaram e que passou a ser divulgada, depois de 1809, pela Imprensa Régia, mas, sobretudo, pelo grupo da *Revista do Instituto Histórico e Geográfico Brasileiro*, a partir de 1839.

Em 1840, quando os letrados brasileiros começaram a despertar do período de estagnação e de crise econômica e financeira do primeiro reinado e da fase de instabilidade política das lutas pela unidade nacional, apesar de todo o seu nacionalismo rompante, voltavam-se com certa melancolia para os tempos de progresso dos vice-reis; exaltavam o Marquês de Lavradio e Luís de Vasconcelos e Sousa como benfeitores do Brasil; e referiam-se a D. Rodrigo em termos de sincera gratidão. Durante os primeiros anos da *Revista do Instituto Histórico*, retomaram as biografias daqueles brasileiros ilustrados de fins do século XVIII, acres-

---

238 Amaral, Prudêncio do e Melo, José Rodrigues. *Geórgicas brasileiras (Cantos sobre as Coisas Rústicas do Brasil)* (1781). Versão em linguagem de João Gualberto Ferreira dos Santos Reis, biografias e notas de Regina Pirajá da Silva. Rio de Janeiro: Publicação da Academia Brasileira, 1941. (O poema sobre o açúcar de Prudêncio do Amaral data de 1718 e a primeira edição dos poemas de José Rodrigues de Melo de 1781).

centando nelas todo o colorido de sua inspiração romântica e a idealização dos botânicos e naturalistas – como se quisessem retomar o fio de suas obras. Em seus trabalhos, tinham aqueles estudiosos demonstrado não se contentar em concentrar-se

> nesses jardins de luxo, em que, tiranizada pelos caprichos e desvelos opressivos da indústria, como elegantemente se exprime Alibert, a Natureza é como constrangida a imitar a arte, e por conseguinte, apenas oferece à vista bosquejos infiéis de seus quadros, mas que é mister descer aos mais profundos vales, emaranhar-se nos vastos e inextricáveis bosques, arriscar-se no declive das escarpadas e escorregadiças serras, trepar ao cume de picos cobertos de rochedos sobranceiros ou de gelos formidáveis, seguir as margens dos mares, dos lagos, dos rios, dos precipícios, e das cascatas, onde o botânico deve procurar o objeto de seu culto e o alimento de seu ardor, porque os únicos livros que nos podem instruir a fundo sobre a matéria, foram lançados ao acaso sobre toda a superfície da terra...[239]

239 Lagos, Manuel Ferreira, op. cit., 1840, p.598. Em outra passagem a propósito da ordem do vice-rei Luís de Vasconcelos e Sousa para que frei Veloso se embrenhasse pelo interior do Rio de Janeiro, comentava o biógrafo em tom solene, dando largas à idealização da missão do botânico: "nada podia ser mais grato ao ilustre Tournefort brasileiro, do que esta ordem a que executou pontualmente; porque sem se atemorizar pela infeliz sorte do célebre Bannister, que escalando as penedias orgulhosas da Virgínia, vacila e resvala, esmagado de enorme rochedo, que escondia a planta que ia conquistar (*sic*); sem se aterrar pela desastrosa sorte de infinitos outros naturalistas famosos, intrépido, fez, sem interesse algum e unicamente a bem da ciência, longas e penosas digressões botânicas, percorrendo os matos, serras e praias do Rio de Janeiro, por espaço de oito anos contínuos, sem o assustar ou quebrar seu ânimo os pavorosos precipícios da serra de Paranapiacaba" (p.601). No mesmo sentido e com pouca modéstia, escrevia Martim Francisco, em 1805, em seu "Diário de uma viagem mineralógica pela Província de São Paulo", "se Lineu intentou suas primeiras viagens a pé e despido de todos os meios, eu também, por instruir-me conhecendo os produtos naturais desta capitania, tenho arrostado com todos os perigos, cobrindo-me com as folhas da areca olerácea e alimentando-me com o seu palmito, zombando de

Traço de continuidade ainda mais significativo a unir os cientistas práticos dos fins do século XVIII à geração dos românticos brasileiros e a penetrar pelo século XIX afora foi a sobrevivência de uma inclinação pragmática, que se exprimiu no culto às ciências[240] e aos conhecimentos úteis, dedicando-se à busca, consciente e pragmática, dos instrumentos da nova nacionalidade. Toda sua obra caracterizou-se por esse nacionalismo didático. A revista *Niterói*, um dos órgãos que dariam início ao movimento romântico brasileiro, seguia o padrão das revistas de antes da Independência, ao reservar um espaço muito maior aos assuntos científicos e econômicos do que aos literários. Punham no culto à ciência o mesmo fervor com que veneravam a arte.[241] "Tratava-se" – escreve Antonio Candido – "de construir uma vida intelectual, em sua totalidade, para progresso das luzes e conseqüente grandeza da pátria."[242]

A Sociedade Auxiliadora da Indústria Nacional encarnou esses ideais em sua plenitude. Foi uma das únicas instituições a vingar entre os múltiplos projetos de sociedades científicas,[243]

---

onças, tão danosas e malfazejas, andando a pé por entre matas contínuas, emaranhadas de espinho; tudo isto tolero com gosto, e só me desgosta a escassez de observações (menos macacos e micos)" (p.601).

240 Discurso de Joaquim Manuel de Macedo, fazendo o elogio histórico de Humboldt. *RIHGB*, v.22, 1859, p.731.

241 "Em muitos ramos dos conhecimentos humanos, artes e ciências são de tal modo entrelaçados, que não é possível fazer-se uma separação completa", afirmava, em 1833, o presidente da Sociedade Auxiliadora da Indústria Nacional, Francisco Cordeiro da Silva Torres, num discurso sobre a "íntima conexão e dependência entre as ciências e as artes", em que se inspirou na *Tecnologia* de Bigelow (Boston, 1829). Cf. *O Auxiliador da Indústria Nacional*, ano III, v.9, p.265-6, 1835.

242 Souza, Antonio Candido de Mello e, op. cit., 1959, v.II, p.10.

243 Azevedo, Manuel Duarte Moreira de. Sociedades fundadas no Brasil desde os tempos coloniais até o começo do atual reinado. *RIHGB*, v.71, 1885, p.265.

que foram ensaiados entre 1816 até a maioridade e que não se consolidaram por falta de condições, num período de grande instabilidade política e de crise interna. Sugestivo da continuidade a que nos referimos anteriormente foi o fato de ter sido idealizada por Ignácio Pinto de Almeida, em 1816, sob o influxo das ilusões que os brasileiros acalentaram, quando da elevação do Brasil a Reino Unido. Foi ensaiada de novo em 1820, quando se levantou uma subscrição para importação de máquinas rurais e fabris, "ou seus modelos".[244] Mas somente chegou a instalar-se em 1827, dando então início às suas atividades de fomento ao progresso material da nação. Nesse sentido, identificou-se em mais de um aspecto com os interesses e a mentalidade dos ilustrados dos fins do século anterior. Uma portaria de 1829 ordenava a compra de máquinas úteis à "indústria"; e em 1830, organizaram escolas perfeitamente integradas na sua tradição pragmática com aulas de Botânica aplicada à agricultura; cadeiras de Geometria e Mecânica aplicadas às artes e de Física, Astronomia, Aritmética e Álgebra para servir às funções do comércio e da agricultura. Em 1833, deram início à publicação do periódico *O Auxiliador da Indústria Nacional*, que nos parece um elo curioso entre o movimento de ilustração patrocinado por D. Rodrigo de Souza Coutinho e o nacionalismo do Império, ambos igualmente empenhados em tentar a modernização e a atualização do Brasil, dentro do panorama da cultura ocidental.

Distinguiu-se essa instituição pela mesma tendência moderada dos ilustrados no período da Independência e por uma idêntica fé no poder da razão. Era seu objetivo "cooperar com o adian-

244 Ibidem, p.279.

tamento nacional para evitar as misérias e perturbações políticas e aperfeiçoar o homem no seu moral e na sua atividade".[245] Distinguiu-se também a mesma preocupação com o progresso material da nação.

Em 1822, numa monografia sobre as minas de ferro de Ipanema, em que insistia na conveniência e nas vantagens de industrializar o Brasil, propunha Vergueiro a fundação de escolas profissionais de "ensino teórico e prático", nos moldes das que foram criadas depois pela Sociedade Auxiliadora da Indústria Nacional.[246] Em 1831, o ministro Aureliano de Souza e Oliveira Coutinho lembrava a urgência de se elaborar um Código Mercantil para dar novo impulso ao comércio exterior – o qual, segundo ele, se achava decadente por causa da exploração dos comerciantes estrangeiros –, além da construção de estradas, pontes e canais para desenvolver o comércio interno.[247]

No plano político, além da influência de José Bonifácio, de homens progressistas e realizadores como Vergueiro e Ottoni, os liberais brasileiros, em geral, haveriam de incentivar a herança dos naturalistas práticos brasileiros dos fins do século anterior.

> Já fortes em teorias é tempo, Senhores, de meditarmos os meios práticos para obter tudo, que nos faz tão grande e tão visível falta. Este Império, que a natureza nos apresentara tão rústico, precisa dos ornatos da civilização; os tijupares de pindoba devem tornar-se em elegantes e cômodas habitações; os matos embrenhados, em fazen-

245 Ibidem, p.284.

246 *Memória histórica sobre a fundação da fábrica de ferro de São João de Ipanema na Província de São Paulo*. Lisboa: Tip. Rollandiana, 1822; cf. Forjaz, Djalma. *O Senador Vergueiro, sua vida e sua época* (1788-1859). São Paulo: Diário Oficial, 1924. p.146-7.

247 Ibidem, p.353.

das de uma cultura perfeita; os rios empecidos em canais de franca navegação; as apenas praticáveis veredas, em fáceis e seguras estradas; os toscos teares, em máquinas perfeitíssimas; enfim é do nosso dever, quanto esteja da nossa parte, enfeitar o que achamos gentil, é verdade, porém, meio nu e desalinhado...[248]

Elogiavam com ênfase o valor e dinamismo daqueles naturalistas e mineralogistas dos fins da era colonial; a sua atividade "unindo ao ardor de saber coisas novas, o desejo de ser útil à humanidade"; o estímulo por eles dado à agricultura; "empregando todos os meios ao seu alcance para promover o melhoramento dela, dirigida então, como ainda hoje, pela rotina ou fatal costumeiro dos nossos avós e incapaz de tirar deste fertilíssimo e inesgotável solo uma riqueza em proporção de suas forças".[249]

Voltavam-se, constantemente, para as suas obras, pondo em seus comentários todo o calor de suas afinidades. Saldanha da Gama, presidente da Sociedade Campista de Agricultura, fundada em 1834, e que se destacou por seus esforços para estabelecer em sua vila uma fábrica de tecidos de lã e em melhorar a técnica do fabrico do açúcar, numa biografia de frei Veloso, que escreveu em 1868, para a *Revista do Instituto Histórico*, tecia elogios bem sugestivos de sua própria mentalidade, enaltecendo a figura do ilustre botânico que passara a vida "desenvolvendo o amor pela ciência, mostrando o lado útil e garantindo a vida espinhosa e sem ruído do naturalista contra os efeitos negativos da oratória abstrata".[250] Ressaltava o valor prático de seus estudos de

248 Discurso do presidente Francisco Cordeiro da Silva Torres. In: *O Auxiliador da Indústria Nacional,* ano I, v.1, 1833, p.12.

249 Lagos, Manuel Ferreira, op. cit., 1840, p.602.

250 Gama, José de Saldanha da, op. cit., 1868, p.138.

química do ponto de vista industrial e terapêutico,[251] e acentuava e justificava com argumentos econômicos a tendência daquela geração para o estudo das ciências naturais: "quando a principal riqueza de uma nação reside nos ornamentos do seu reino vegetal, o maior esforço da inteligência deve aplicar-se ao conhecimento dos seus predicados essenciais, em harmonia com os fins para que foram criados".[252]

Emílio Joaquim da Silva Maia, que fez o elogio histórico de José Bonifácio na *Revista do Instituto Histórico* e que se destacou na primeira metade do século XIX como naturalista e médico, sendo professor de Ciências Naturais no Colégio Pedro II, sócio da Sociedade Auxiliadora da Indústria Nacional, do Instituto Literário da Bahia e da Sociedade Velosiana, e também fundador da revista *Minerva Braziliense*, escrevia em 1840 a biografia de José Pinto de Azeredo.[253] A "Memória sobre a Cochonilha" de Amorim de Castro, que fora publicada pela primeira vez nas *Memórias Econômicas da Academia Real de Ciências de Lisboa* (t.II), seria divulgada novamente no *Auxiliador da Indústria Nacional*, em 1833,[254] e outra vez, em 1863, como suplemento às *Memórias sobre a fundação e custeio de uma fazenda na Província do Rio*, pelo barão de Pati de Alferes.[255] O *Auxiliador da Indústria Nacional* manteve ligações com diversos vultos da geração com a qual nos ocupamos; tornou a editar memórias dos fins do século

251 Ibidem, p.146.

252 Ibidem, p.137.

253 *RIHGB*, v.2, 1840. Ver também Macedo, Joaquim Manuel. Elogio fúnebre de Emílio Joaquim da Maia. *RIHGB*, v.22, 1859, p.712. Ver supra nota.

254 *O Auxiliador da Indústria Nacional*, ano I, v.1, 1833, p.19.

255 Barão de Paty do Alferes. *Memória sobre a fundação e custeio de uma fazenda na Província do Rio de Janeiro*. 2.ed. Rio de Janeiro, 1863.

XVIII de bacharéis brasileiros em Coimbra,[256] um trabalho do então octogenário José Caetano Gomes sobre o café na ilha de Cuba[257] e outro do ex-inconfidente José de Rezende Costa sobre a cultura do tabaco na Virgínia e Maryland;[258] contava entre seus membros efetivos com figuras como Baltazar da Silva Lisboa, José Saturnino da Costa Pereira e outros.

Os trabalhos de Emílio Joaquim da Silva Maia, de José Silvestre Rebello e de Sebastião Ferreira Soares são sugestivos da continuidade de orientação pragmática e progressiva pelo século XIX adentro. José Silvestre Rebello, negociante ilustrado, trouxe uma vivência interessante dos Estados Unidos, para onde foi enviado como representante diplomático para alcançar um primeiro reconhecimento da Independência do novo Império,[259] e figurou entre os primeiros a chamar atenção para a necessidade de aperfeiçoar a técnica do café, em artigo para *O Auxiliador da Indústria Nacional*, em 1833,[260] escrevendo também nesse ano um estudo de divulgação de técnicas estrangeiras mais avançadas sobre a cultura da cana e elaboração do açúcar.[261]

---

256 Por exemplo, Memória sobre o loureiro cinamono, vulgo Caneleirão do Ceilão. *O Auxiliador da Indústria Nacional*, ano I, v.7, 1833, p.I.

257 *O Auxiliador da Indústria Nacional*, ano II, v.3, 1835, p.72.

258 "Cultura do Tabaco na Virgínia e Maryland, propriedades e uso do tabaco", trazido para o Novo Curso de Agricultura, pelo sócio efetivo José de Rezende Costa. *O Auxiliador da Indústria Nacional*, ano III, v.3, 1835, p.72.

259 Whitacker, Arthur P. José Silvestre Rebello, the first diplomatic, representative of Brazil in the United States. *Hispanic American Historical Review*, v.20, Aug. 1940, p.38.

260 Rebello, José Silvestre. Memória sobre a cultura do cafeeiro, extraída do tratado de um lavrador de São Domingos M. de Laborie, lida na sessão de 7 de fevereiro de 1835. O *Auxiliador da Indústria Nacional*, ano I, v.5, 1833, p.I.

261 Rebello, José Silvestre. Memória sobre a cultura da cana e elaboração do açúcar, lida na sessão de 24 de maio de 1832, na Sociedade Auxiliadora da Indústria Nacional. *O Auxiliador da Indústria Nacional*, ano I, v.2, 1833, p.I.

Os problemas da mão-de-obra e a evolução da consciência social brasileira, assim como a preocupação em fomentar o progresso material foram os dois pólos da atividade desses liberais racionalistas ilustrados do século XIX.

Num discurso sobre a necessidade das máquinas, negava Januário da Cunha Barbosa, em 1833, os argumentos dos países mais avançados de que elas acarretavam o desemprego, a desumanização e outros malefícios. No Brasil, eram necessárias porque supririam a falta de braços.

> As forças de que dispunham os nossos fazendeiros têm diminuído pela proibição do tráfico, e a sua diminuição dentro de breves anos será muito maior, porque a reprodução não dará nem a centésima parte dos que tirávamos da África; logo, é preciso acudir com máquinas a esta falta e o resultado há de ser em nosso favor como bem o prova o sábio economista Say. Fora este lugar apropriado para darmos conhecimento aos leitores de reflexões bem fundamentadas de Gowdmith, provando que o serviço de escravos não se pode comparar ao de homens livres e que a ignorância se eterniza em huma miserável rotina, perdendo os lavradores as incalculáveis vantagens, que podem e devem colher do melhoramento de sua indústria e, nos dos argumentos do sábio inglês, juntando-os aos do sábio francês, tiramos a seguinte conseqüência, e é que a falta do braços no Brasil o obriga ao recurso das máquinas; que o seu bom resultado chamará os fazendeiros ao melhoramento de seus produtos; que a experiência os fará melhor conhecer os seus verdadeiros interesses; e que se as luzes se difundirem pelos lavradores, os seus lucros serão mais rápidos, do que a diminuição das forças africanas, que cegamente se empregaram na lavoura com empate horroroso de fundos, grande risco de perda e nenhum melhoramento na produção...[262]

262 O *Auxiliador da Indústria Nacional*, ano I, v.6, 1833, p.19.

Pertence ao mesmo esquema a obra de Sebastião Ferreira Soares, o qual, em seus *Elementos de estatística*, em apoio às medidas colonizadoras e industrializadoras, voltou-se contra o argumento corrente na época de que a extinção do tráfico, que provocara a falta de mão-de-obra, diminuíra a produção agrícola nacional, provando com dados concretos como esta em verdade se duplicara na década de 1850.[263] Ao tratar dos meios de melhorar a agricultura, voltou-se também para o trabalho da geração de ilustrados dos fins do século XVIII em seus estudos sobre as origens da cultura do açúcar, do café e do algodão no Brasil.[264] Martim Francisco já procurara aplicar os recursos da estatística, isto é, de um sistema de racionalização das riquezas do Brasil.[265]

A atividade cultural dos racionalistas práticos do século XIX consistia, sobretudo, como antes, na tradução e divulgação de inovações européias. Lembrava, porém, Sebastião Ferreira Soares que "as induções analógicas são quase sempre falíveis, visto que difícil é concorrer as mesmas causas e circunstâncias em países diversos, e produzir iguais efeitos",[266] com o que tentava alertar os brasileiros contra o perigo dos moldes estranhos e convencê-los a adotar certas medidas nacionalistas no plano econômico.[267]

263 Soares, Sebastião Ferreira. *Elementos de estatística compreendendo a teoria da ciência e a sua aplicação à estatística comercial do Brasil*. Rio de Janeiro: Tip. Nacional, 1865.

264 Soares, Sebastião Ferreira. A produção agrícola no Brasil. Série de 24 artigos para o *Jornal do Comércio* de 21 de janeiro a 29 de maio de 1880.

265 Andrada, Martim Francisco Ribeiro de. Memória sobre a estatística ou análise dos verdadeiros princípios desta ciência e sua aplicação à riqueza, forças e poder do Brasil (manuscrito do Instituto Histórico e Geográfico Brasileiro). Cf. Blake, Augusto Vitorino Alves Sacramento, op. cit., 1833, v.VI, p.26.

266 Soares, Sebastião Ferreira, op. cit., 1865, p.14.

267 "As teorias econômicas não devem ser aplicadas em absoluto, porque em maior parte os seus princípios são relativos ao estado e condições de elaboração dos

Persistiriam, pois, na mentalidade dos que ensaiaram a modernização do Brasil, em meados do século XIX, muitas das peculiaridades de pensamento dos ilustrados com os quais nos ocupamos: a tendência para associar em sua formação intelectual, aos estudos jurídicos, os conhecimentos científicos úteis à sociedade e, pois, a variedade e versatilidade de interesses e ocupações; o pragmatismo racionalista dos ideólogos do Século das Luzes,[268] de que se imbuíram os estudantes brasileiros nas universidades européias, e ao mesmo tempo uma atitude marcante de fé nos conhecimentos teóricos.

A continuidade dos grupos e das idéias, que pode ser traçada pelas manifestações culturais, nos artigos de revistas e nos programas de certas sociedades destinadas a atualizar as técnicas e a manter o contato com as inovações européias nos conduziu atra-

---

povos observados pelos economistas; conseguintemente, as teorias inglesas e francesas podem ser de grandes vantagens para aqueles países, mas de precários resultados para outros que como eles ainda não tenham chegado ao seu estado de desenvolvimento industrial e nesse caso se acha o Brasil, cuja principal indústria cifra-se na agricultura do café, fumo, algodão, cana de açúcar e poucas outras espécies; e se nele se não protegerem as indústrias mais necessárias aos usos comuns da vida social, de certo que não poderão progredir, e o país se conservará sempre na dependência do estrangeiro, para onde irão os produtos e valores de sua agricultura, deixando de se capitalizarem no país" (Soares, Sebastião Ferreira, op. cit., 1865, p.272).

268 Manuel Jacinto de Sampaio e Melo, bacharel em Direito em Coimbra e senhor de engenho na Bahia escreveu um tratado sobre o *Novo método de fazer açúcar ou reforma geral e econômica dos engenhos do Brasil, em utilidade pública e particular* (Bahia, 1816) do qual é bem sugestivo o seguinte trecho, aliás transcrito por José Silvestre Rebello em sua Memória sobre a cana: "Os nossos filósofos estão dormindo há 30 anos sobre importante objeto, sem advertirem que as Ciências não se estudam para disputar nas aulas, ou conservar nas assembléias, mas para descobrir verdades interessantes ao bem comum" (*O Auxiliador da Indústria Nacional*, ano I, v.2, 1833, p.1).

vés de todo o período do Segundo Reinado até a atuação característica dos positivistas nos primeiros anos da República. Constitui ainda hoje tema de pesquisa interessante, subsidiário ao estudo da sua influência concreta no sentido da promoção do progresso material no Brasil.

Ideologia liberal e construção do Estado*

Apreciar o papel que teriam exercido os ideais da Revolução americana de 1776 no processo de construção do Estado brasileiro leva o historiador a despojá-los de sua idealidade teórica e do sentido que tiveram para seus contemporâneos americanos, a fim de tentar revesti-los do conteúdo ideológico que ofereciam no meio brasileiro, onde os princípios democráticos tomavam uma coloração diferente. É um tema difícil e complexo, pois o estudo do papel ambíguo da ideologia liberal no processo de construção do Estado brasileiro mal começa a ser revisto pelos pesquisadores de história social; a análise do relacionamento entre Estado e sociedade no Brasil Império continua a ser terreno por desbravar.

Não é preciso nos demorarmos em lembrar o abismo que havia entre uma sociedade e outra. Nos Estados Unidos, os ideais de 1776 constituíram uma ideologia modernizadora altamente eficaz; novas forças emergentes,[1] representando fortes interesses

---

* Este texto é uma versão revista e ampliada do artigo "A nossa Independência e a deles", publicada no *Jornal da Tarde* em 4 de julho de 1976.

1 Mudanças desencadeadas pelo confisco de terras ou nacionalização dos bancos, de propriedades dos que apoiavam os ingleses durante a guerra da Independência. Cf. Lynd, S. We should rule at Home (Dutchess County, New York in the American Revolution). In: *William and Mary Quartely*, v. XVII, 1961. p.330; Henretta, James A. Economic Development and Social Structure in Colonial Boston. In: *William and Mary Quartely*, v. XXII, 1965. p.75.

capitalistas, afeitas ao *self government*, visavam, por meio de uma Constituição federal, racionalizar um equilíbrio político, consumar o processo de integração do mercado nacional,[2] garantindo as bases necessárias para a maturação do capitalismo industrial. Na historiografia americana, continua de pé a tese de Richard Hofstadter da revolução empresarial, de libertação das forças capitalistas, que vinculava as origens da democracia e dos modernos partidos políticos ao choque de interesses opostos, dentro de um sistema oligárquico, eminentemente elitista.

No Brasil, não assistimos a uma revolução empresarial que afetasse a estrutura da sociedade colonial, nem havia entre as classes dominantes interesses capitalistas bastante fortes para precipitarem a integração do mercado nacional, de modo que esse processo não coincidiu com a Independência. Por conseguinte, entre nós, os ideais liberais não surgiram como um programa modernizador do conjunto das forças sociais: foram veiculados por uma minoria ilustrada e culta, que constituía uma porcentagem ínfima da população do país. Essa minoria de letrados, inspirada nos ideais do despotismo ilustrado do século XVIII, reservava para si a missão paternalista de modernizar e reformar o arcabouço político e administrativo do país, sem comprometer a continuidade social e econômica da sociedade colonial. Não respondiam a impulsos internos de transformação social, mas a forças externas de pressão, principalmente da Inglaterra, no sentido da integração do Brasil, como Estado independente, no novo sistema de equilíbrio internacional, gerado pelo desenlace das guerras napoleônicas; vale dizer, a integração

2 Nettels, Curtis Putnam.*The Emergence of a National Economy* (1775-1815). New York: Harper & Row, 1962.

do Brasil, como Estado independente, no império informal de comércio livre dos ingleses.

Por meio de gazetas de notícias trazidas por comerciantes ou contrabandistas estrangeiros, os ideais de 1776 penetraram de início alguns núcleos do litoral, onde fascinaram principalmente setores do comércio, descontentes com os monopólios e com as restrições impostas pela metrópole portuguesa e ansiosos por estabelecer relações de comércio direto com a Inglaterra. Por intermédio de estudantes brasileiros que voltavam da Europa, esses ideais se infiltraram nas elites descontentes ou empobrecidas do interior do país, introduzindo-se nas colônias portuguesas do Brasil

> as secretas maquinações dos governos constituídos d'América, para lisonjear e propagar o espírito republicano, que reina sempre, mais ou menos, nos países de escravos, como se a vista da extrema sujeição arrastasse o homem para a extrema liberdade.[3]

Partilhavam com seus colegas europeus a idealização de Jefferson e Franklin, como heróis de sua geração. Em 1787, José Álvares Maciel, filho de um fazendeiro e comerciante de Vila Rica, viajava pela Inglaterra comprando livros sobre a América inglesa.[4]

Uma tradução francesa da Constituição americana circulava entre os inconfidentes, e vários exemplares do livro do abade

---

3 Panfleto anônimo publicado na Bahia, em 1821: "Exame analítico-crítico da solução da questão: o rei e a Família Real devem nas circunstâncias presentes voltar a Portugal ou ficar no Brasil?". Cf. Faoro, Raymundo (Ed.) O *debate político no processo da Independência*. Rio de Janeiro: Conselho Federal de Cultura,1973. p.21.

4 Cf. *Autos da Devassa da Inconfidência Mineira*. Rio de Janeiro: Biblioteca Nacional, 1936/38, v.II, p.40-251.

Raynal sobre os Estados Unidos foram confiscados em devassas feitas em bibliotecas particulares no Rio de Janeiro, Minas Gerais, Bahia e Pernambuco.[5] Não faltavam motivos de descontentamento na colônia, e o exemplo da América inglesa animou várias tentativas locais de revolta contra a metrópole ou a Corte. Partilhavam a febre americanista de libertação revolucionária, que tomava conta também da França, e, em nome dessa solidariedade continental, procuraram debalde o apoio oficial dos Estados Unidos. Em 1786, José Joaquim da Maia, estudante brasileiro em Montpellier, em correspondência com Jefferson, pedia o apoio norte-americano para uma revolução republicana prestes a eclodir no Brasil.[6]

Os revolucionários pernambucanos de 1817 também recorreram aos Estados Unidos, enviando Antônio Gonçalves da Cruz Costa, o Cabugá, como seu emissário à Filadélfia, encarregado de comprar armas e de conseguir o reconhecimento formal do governo norte-americano. O mesmo faria, em 1824, Manuel Carvalho Pais de Andrade, líder da Confederação do Equador. Entretanto, esse auxílio seria sistematicamente negado pelos americanos, mais interessados em firmar acordos de comércio com a metrópole portuguesa e com a Corte do Rio. Fora o envolvimento esporádico de um ou outro indivíduo aventureiro, como o cônsul Joseph Ray, em Recife, que foi posteriormente expulso do país, a sua seria sempre uma política de neutralidade: em

5 Cf. Frieiro, Eduardo. O *diabo na livraria do Cônego*. Belo Horizonte: Itatiaia, 1957; Lessa, Clado Ribeiro de. As bibliotecas brasileiras nos tempos coloniais. *Revista do Instituto Histórico e Geográfico Brasileiro*, v.191, 1946. p.339.

6 Cf. *Autos da Devassa da Inconfidência Mineira*, op. cit., v.IV, p.130 e 135-6; Maxwell, Kenneth. *Conflicts and Conspiracies: Brazil and Portugal (1750-1808)*. Cambridge: Cambridge University Press, 1973. p.80-3.

1786, Jefferson tinha instruções de seu governo para fazer um tratado comercial com Portugal; em 1817 e 1818, o viajante Brackenridge veio ao Brasil em missão oficial, a fim de entabular relações comerciais e reafirmava a intenção dos Estados Unidos de não se envolverem em conspirações republicanas ou movimentos separatistas.[7]

Muniz Tavares, um dos revolucionários de 1817, criticou com certa amargura os Estados Unidos por lhes recusarem auxílio, tachando-os de nação meramente comercial. Apesar da doutrina Monroe, o mesmo se repetiria em 1824. Não se trata, porém, neste estudo, de analisar a política de prudente alheamento dos Estados Unidos com relação aos latino-americanos, mas de constatar o quanto os próprios ideais de 1776 permaneceram à margem da experiência política brasileira no século XIX.

Apesar de seu sucesso político, culminando com a fundação de um novo Estado, a Revolução americana não forjou um modelo de modernização capaz de ser imitado por outros países. Em seu estudo sobre as vicissitudes políticas das revoluções no mundo moderno, enfatiza Hanna Arendt as poucas ou mínimas repercussões internacionais dos ideais da Revolução de 1776. Embora fosse um fenômeno de importância vital na configuração de todo o mundo contemporâneo, a experiência democrática dos Estados Unidos permaneceu como um fenômeno estritamente local. Os ideais de 1776 apenas constituíram uma poderosa arma de transformação social nos próprios Estados Unidos, onde as tradições políticas e religiosas dos americanos já tinham con-

---

7 *"We are not in search of proselytes to republicanism, it is enough for us that we know that our own institutions are the best..."* (Brackenridge, Henry Marie, *Voyage to South America*. Baltimore: edição do autor, 1819. v.1, p.164).

sumado a experiência do *self government* e onde uma série de outras circunstâncias favorecia o surto do capitalismo.

A Revolução Francesa não teve o mesmo sucesso político, e, no entanto, seus ideais de igualdade social varreram o mundo. Não foi por mero acaso que, no Brasil, os princípios de 1776 logo cederiam primazia aos princípios do constitucionalismo francês ou belga. Os americanos, escrevia o Visconde do Uruguai, "não possuem tratados claros e didáticos como os franceses...".[8] Entretanto, os europeus lutavam por conseguir, com seus princípios teóricos sofisticados, o que os Estados Unidos alcançaram com um programa pragmático e empírico. Verdade é que os problemas advindos da miséria e da excessiva desigualdade social nunca tomaram nas colônias americanas as proporções que adquiriram na Europa e muito especialmente nos países da América Latina. A questão social, a herança de centralização administrativa e os impulsos absolutistas do Estado-nação foram os principais obstáculos que dificultaram o sucesso político da Revolução Francesa e a implantação de regimes constitucionais na Europa, comprometendo o processo de modernização liberal dos países europeus. Quanto mais difícil não seria a aplicação dos ideais de racionalização política de 1776 numa sociedade colonial como a brasileira, em que dominava a violência pré-política e o sistema escravocrata, com uma grande maioria de população mestiça marginalizada do processo produtivo e sem oportunidade de trabalho.

Esses ideais políticos depressa perdiam a força ao confrontar-se com o perigo das múltiplas tensões raciais e sociais, que

8 Visconde do Uruguai. *Ensaio sobre o Direito Administrativo*. Rio de Janeiro, 1960. p.43.

ameaçavam as classes dominantes brasileiras. Soavam temerárias as palavras de Arruda Câmara, fervoroso adepto dos princípios políticos americanos:

> Acabem com o atraso da gente de cor; isto deve cessar, para que logo seja necessário se chamar aos lugares públicos, haver homens para isto, porque jamais pode progredir o Brasil, sem nele intervirem coletivamente, em seu negócio... Com a Monarquia ou sem ela, deve a gente de cor ter ingresso na prosperidade do Brasil...[9]

É preciso lembrar que, a partir de 1792, a difusão dos princípios da Revolução americana se faria num clima exacerbado de reação, provocado pela Revolução de São Domingos e acentuado pelo terror na França. Era como se os liberais trouxessem consigo a ameaça de uma revolta de escravos:

> Os escravos têm por irrevogável Lei da Natureza, um direito imprescindível a reclamar os benefícios da liberdade e os direitos de homem e de cidadão... Os proprietários do Brasil, Senhor, que medem e calculam a sua riqueza pelo número de escravos que têm, devem lembrar-se que a sua existência e a sua desgraça pode depender de um momento terrível e desastroso; porquanto, os escravos são sempre inimigos naturais de seus senhores: eles são contidos pela força e pela violência...[10]

Esses eram argumentos poderosos contra os princípios liberais e não podiam deixar de calar fundo na opinião dos donos de

---

9 Koster, Henry. *Viagens ao Nordeste do Brasil.* Tradução e notas de Câmara Cascudo. São Paulo: Companhia Editora Nacional, 1942. p.92.

10 Panfleto de José Antonio de Miranda, Memória constitucional e política sobre o estado presente de Portugal e do Brasil, publicado no Rio de Janeiro, 1821 (cf Raymundo Faoro, op. cit., 1973. p.69).

escravos. Além disso, lembre-se da timidez com que os inconfidentes de 1789 e os revolucionários pernambucanos de 1817 evitaram tocar na questão delicada da escravidão ou na extensão dos direitos políticos para cidadãos não-proprietários. No Brasil, os ideais de 1776 ofereciam enormes perigos:

> Em toda parte onde os brancos são muito menos que os escravos e onde há muitas castas de homens, uma desmembração ou qualquer outro choque de partidos, pode estar ligada com a sentença de morte e um batismo geral de sangue para os brancos, como aconteceu em São Domingos e poderá acontecer em toda parte em que os escravos forem superiores em força e número aos homens livres...[11]

O "haitianismo", como se convencionou chamar o pavor de uma revolta de escravos, difundido pela ideologia contra-revolucionária e de reação contra a Revolução de São Domingos, foi um fator político decisivo no processo de construção do Estado no Brasil, no século XIX; congregou e catalisou em si a própria essência das atitudes políticas contra-revolucionárias e críticas do jusnaturalismo racionalista dos revolucionários americanos e franceses. Em 1821 e novamente em 1831, sempre que se tornava iminente a implantação de reformas propostas por adeptos dos princípios americanos, voltavam à carga panfletos alarmistas, alertando os políticos brasileiros sobre a inviabilidade dos princípios liberais numa sociedade escravocrata e com uma minoria de população branca.

Na Constituinte de 1823, os princípios corporativistas de um Estado-nação foram gradualmente se sobrepondo aos princípios abstratos de racionalidade política: "Não basta a razão, é preciso

11 Ibidem.

também a força", clamava um deputado, defendendo a necessidade de um governo central forte. "A razão somente legitima a força...".[12] Também seria sugestiva a substituição, na Constituição de 1824, da expressão *direitos individuais* por *direitos civis e políticos*.[13]

João Maciel da Costa, outro deputado à Constituinte de 1823, manifestava-se contrário à extensão dos direitos de cidadão para os escravos libertos. Os próprios americanos "não querem nada deles para os negócios da sociedade americana".[14] Além disso, desconfiava de "doces teorias filantrópicas como a dos Estados Unidos". Em São Domingos, advertia ele, essa filantropia levou ao massacre de muitos proprietários brancos. Em seu discurso, relatava as discriminações dos Estados do sul dos Estados Unidos contra os negros; se um país de população tão grande como os Estados Unidos temia o crescimento do número de libertos, por que não se assustariam, e com mais forte razão, os brasileiros, que continuavam com uma grande maioria de população mestiça ou negra?[15]

O pessimismo quanto à viabilidade de transformar a sociedade colonial numa nação moderna foi uma poderosa arma ideológica dos elementos mais conservadores, preocupados em afastar a ameaça dos princípios republicanos e de reformas liberais:

> Como é possível fazer uma república de um país vastíssimo, desconhecido ainda em grande parte, cheio de florestas, infinitas, sem

12 Calmon, Pedro (Ed.) *Diário da Assembléia Geral Constituinte e Legislativa do Império do Brasil.* Brasília: Senado Federal, 1973. v.1. p.136.

13 Holanda, Sérgio Buarque de. A herança colonial – sua desagregação. In: Holanda, Sérgio Buarque de (Org.) *História da civilização brasileira.* São Paulo: Difel, 1962. t.II, v.I.

14 Calmon, Pedro (Ed.), op. cit., 1973. v.II, p.137.

15 Ibidem, p.138.

população livre, sem civilização, sem artes, sem estradas, sem relações mutuamente necessárias, com interesses opostos e com uma multidão de escravos, sem costumes, sem educação, nem civil nem religiosa e cheios de vícios e hábitos anti-sociais?[16]

Essa visão sombria, amplamente difundida, era como um convite a uma arregimentação das elites para sua missão paternalista de vigilantes ilustrados de um povo bárbaro, carente de luzes, necessitado de liderança e de disciplina; servia como um filtro das aspirações dos contemporâneos mais ousados: "amalgamação muito difícil será a liga de tanto metal heterogêneo, como brancos, mulatos, pretos livres e escravos, índios, etc., em um corpo sólido e político...",[17] escrevia José Bonifácio em 1813. Em 1822, opunha o seu próprio manifesto da Independência, mais prudente e circunspecto, ao redigido por Joaquim Gonçalves Ledo, que com a euforia da liberdade exprimia o sonho americano de um Brasil republicano.

Esse pessimismo com relação à viabilidade de unir no seio de uma comunidade nacional as forças sociais díspares da sociedade brasileira foi o principal argumento dos que lutavam a favor de um governo centralizado, autoritário, com força bastante para poder se impor às diferentes províncias e garantir uma unidade nacional. Unidade nacional e poder central pareciam então preocupações políticas mais prementes do que o sistema republicano e as garantias dos direitos individuais:

16 Panfleto de José Antônio Miranda, Memória Constitucional e Política (cf. Raymundo Faoro, op. cit., 1973. p.65).

17 Documentário sobre a correspondência de José Bonifácio (1810-1820). *Revista de História*, v.XXVII, n.55, 1963. p.226.

> O Brasil, constando de muitas Províncias grandes, mui distantes e despovoadas, precisa para se aumentar, visto estar ainda na infância, de um centro de poder, de donde as providências se expecção com energia e a força com prontidão; ora, não há governo mais enérgico que o monárquico. Enfim, o caráter geral da Nação exclui claramente a forma republicana.[18]

Entre os magistrados e burocratas da Corte, entre os comerciantes portugueses enraizados no centro-sul do país, havia uma consciência muito clara da oposição das províncias separatistas do norte, e o temor de uma fragmentação do país vinha somar-se ao clima generalizado de insegurança social. Essa perspectiva pessimista era inteiramente avessa à crença na identidade de interesses da sociedade, própria da ideologia liberal. A certeza da necessidade de forjar artificialmente ou de implantar à força no país a harmonia social não tinha raízes apenas no ceticismo tradicional, inspirava-se no reformismo político dos conservadores, no seu pensamento organicista, nutria-se de uma visão peculiar culturalista, do processo de formação das nacionalidades. De onde a busca de uma identidade nacional, adequada às tradições lusas, o preconceito contra as inovações liberais estrangeiras, o medo...

Premidos pelo clima de contra-revolução, adiavam o advento da liberdade para um futuro muito remoto, como o fazia o patriota republicano carioca de 1791:

> Há de ser naqueles tempos, em que todo o novo hemisfério se há de dividir todo, em duas repúblicas; uma compreendendo todo o

---

18 Panfleto anônimo publicado em Lisboa, 1822, Reflexões sobre a necessidade de promover a união dos estados de que consta o Reino Unido de Portugal, Brasil e Algarve (cf. Raymundo Faoro, op. cit., 1973. p.42-3).

> Norte, outra todo o meio-dia; queira Deus que isto suceda sem efusão de sangue; eu então já dormirei no Senhor...[19]

De modo que, na conjuntura de 1822, os próprios republicanos aderiram ao poder carismático do Príncipe Regente e à monarquia constitucional, como a um mal necessário. O poder carismático do Príncipe polarizava forças políticas múltiplas e antagônicas, e o próprio Frei Caneca, esquecido dos princípios do jusnaturalismo racionalista, que o orientavam, como republicano exaltado, a ele se referiria num tom de inspiração messiânica, como ao

> anjo Isaías, convidado a vir a terra, que estava além dos rios da Etiópia, a socorrer o povo terrível, depois do qual não há outro e libertar a gente, que estava continuamente pesada e esmagada. Sim, foi este o Príncipe apelidado pelo Profeta, para nos dar a liberdade e a salvação...[20]

Para muitos políticos brasileiros da geração da Independência, o sistema de governo dos Estados Unidos parecia o melhor e mais perfeito do mundo, porém não era compatível com as condições brasileiras: mesmo entre os indivíduos de convicções liberais, o paroquialismo clamava mais alto que a sua fé nos princípios abstratos dos direitos dos homens; o pesadelo haitianista arrastava-os do caminho da razão, que seria a vereda revolucionária, para a busca mais prudente das raízes nacionais, nas tra-

---

19 Carta datada de Constantinopla (*sic*), 20 de fevereiro de 1791, apreendida na devassa do conde de Rezende contra os membros da Academia Literária do Rio de Janeiro. *Anais da Biblioteca Nacional*, v.61, p.365.

20 Lemos Brito, José Gabriel de. A *gloriosa Sotaina do Primeiro Império*. São Paulo: Companhia Editora Nacional, 1937. p.175.

dições herdadas dos seus antepassados: "Não me oponho a que adotemos dos estrangeiros algumas de suas leis", diria Vergueiro, discursando na Constituinte de 1823. Porém, achava imprescindível adaptá-las ao meio: "dar-lhes o caráter da nacionalidade que lhe falta".[21] Liberal convicto, opunha-se a uma federação das províncias brasileiras:

> Muito respeito à sabedoria dos legisladores americanos do Norte, que na verdade fizeram a melhor constituição possível para o seu país, mas não convém ao nosso. Nós não estamos nas mesmas circunstâncias, em que se achavam as províncias da América inglesa, cada uma das quais tinha já a sua câmara de representantes...[22]

Passar-se-iam quase cinqüenta anos até que um outro liberal convicto, como Tavares Bastos, deixasse preponderar a razão sobre as contingências do meio e o peso da tradição. Para ele, não eram as instituições que deviam adaptar-se ao meio: "Dai-nos instituições livres, tereis boas finanças...".[23] Esse suposto poder milagroso das instituições descentralizadas seria, a seu ver, suficiente para criar a livre-empresa no país, fazer florescer as forças capitalistas e renovar a estrutura arcaica da sociedade brasileira que, em 1870, considerava estagnada.

Não faltaram, no entanto, entre os homens da geração da Independência quem vislumbrasse o caminho de grandes e definitivas mudanças. Com os olhos voltados para a prosperidade

---

21 Calmon, Pedro (Ed.), op. cit., 1973. v.11, p.103.

22 Ibidem, p.39.

23 Bastos, Aureliano Cândido Tavares. *A Província*. Rio de Janeiro: Companhia Editora Nacional, 1937. p.345.

dos Estados Unidos, anteviam um futuro grandioso também para o Brasil; queriam de início romper os laços com as tradições portuguesas, promovendo a imigração estrangeira; admitir a tolerância e a liberdade de religião, vestir-se com uma aura cosmopolita e lutar para que o espírito cívico se difundisse pelo país e com ele a capacidade de associação política. Para o que julgavam imprescindível extirpar, da sociedade brasileira, o preconceito contra o trabalho manual, preparando uma futura abolição do regime servil, que condenava os brasileiros à inércia de muitos e à tirania de uns poucos:

> Lembremo-nos, Senhores, que as dissidências religiosas e políticas deram ao Norte da América esses varões, ilustres a quem hoje os Estados Unidos devem os seus costumes sóbrios, grande amor ao trabalho e, em geral, todas as virtudes morais e políticas, que os têm feito capazes da liberdade...[24]

Romper os laços coloniais, bem sabiam eles, em 1821, seria também lutar contra a presença de manufaturas inglesas. A industrialização, a auto-suficiência econômica e o trabalho livre seriam etapas necessárias para transformar a sociedade colonial:

> Se dissesse que o Brasil tem verdadeira necessidade de fábricas, para dar exercício ao grande gênio que tem para as Artes, tinha razão; porém, recomendar só os gêneros estrangeiros para o nosso consumo, sem falar em promover a nossa indústria, para escusar subsídios estrangeiros, isto não é prova de grande conselheiro...[25]

---

24 Calmon, Pedro (Ed.), op. cit., 1973. v.II, p.159.

25 Panfleto anônimo (cf. Raymundo Faoro, op. cit., 1973. p.18).

Daí, a proporem drásticas reformas sociais iria apenas um passo. Vários brasileiros sonharam inaugurar a Independência com grandes reformas agrárias, que desmantelassem o poder dos aristocratas e toda a estrutura social do país. Estes, porém, não se norteavam pelos princípios do liberalismo norte-americano. Seriam antes, como os redatores de *O Fateozim Nacional* (Rio de Janeiro, 1831) ou da revista *O Progresso* (Recife, 1846), avessos ao liberalismo econômico e partidários do socialismo utópico de Fourier e Saint Simon. Entretanto, não passaram de sonhos visionários de elementos mais radicais, que permaneceram à margem do processo político brasileiro.

Após a abdicação de D. Pedro I, os liberais, inspirados no modelo dos Estados Unidos, introduziram no país uma série de reformas ousadas, como a do juiz de paz eletivo, o sistema do júri, a guarda nacional também eletiva e, finalmente, em 1834, as assembléias provinciais.

Os liberais da década de 1830 talvez fossem mais sinceramente republicanos e admiradores das instituições americanas do que os homens da geração da Independência. Na Corte, a livraria de Evaristo da Veiga era uma espécie de clube de indivíduos que se consideravam discípulos de Jefferson. Um de seus freqüentadores, o mineiro Teófilo Ottoni,[27] se propôs em 1831, como programa de toda uma vida política, a dedicar-se a republicanizar a constituição, introduzindo no país as necessárias reformas. O próprio Evaristo, no seu empenho de fortalecer o poder central, a fim de garantir a unidade nacional, inspirar-se-ia no sistema presidencialista do executivo norte-americano.

---

26 Chagas, Paulo Pinheiro. *Teófilo Ottoni, Ministro do Povo*. Rio de Janeiro: Zélio Valverde, 1943. p.17.

As reformas liberais da Regência, entretanto, não tinham como finalidade estender às outras classes do país a participação política. Os próprios liberais falavam em nome das oligarquias dominantes: setores novos das classes dominantes exploravam as instituições americanas, como pretexto para ampliar a sua própria participação política, nas suas respectivas localidades e na Corte. Poder político no Brasil tinha então, como continuaria a ter por mais de um século, uma conotação peculiar, restrita ao controle dos cargos do funcionalismo público, e os liberais não fugiriam desses horizontes políticos estreitos.

Os princípios democráticos americanos foram postos em circulação na Corte por uma *intelligentsia* urbana incipiente, composta de elementos novos, em geral de origem modesta, mulatos ou filhos de imigrantes portugueses, muito deles jornalistas, como eram Evaristo da Veiga, José Joaquim da Rocha, Torres Homem, Luís Augusto Mayer, alguns magistrados como Bernardo de Vasconcelos etc. Representavam, porém, os interesses novos dos comerciantes de abastecimento da Corte, intermediários da produção rural nas localidades do sul de Minas e de São Paulo, ávidos de ascenderem ao mando político. O núcleo de liderança política da Corte permanecerá até então predominantemente em mãos de funcionários e burocratas portugueses e de magistrados formados em Coimbra. Tratava-se de ampliar a participação na administração pública para os setores nativos.

Em 1831, Ethan A. Brown, encarregado dos negócios dos Estados Unidos no Rio de Janeiro, faria uma observação política perspicaz sobre os adeptos dos princípios de 1776 no Brasil, ao comentar que a abdicação não implicava uma tentativa de mudar as linhas gerais de política dominantes no país, mas uma simples mudança dos ocupantes dos cargos públicos.[27] É claramente este o pólo da rivalidade que se estabelece nos primeiros tempos da Regência entre os Caramurus – burocratas portugueses e magistrados de Coimbra acastelados no paço –, contando com o apoio político dos Andradas e os liberais moderados no Parlamento, representantes de elementos novos, que ascendiam no comércio de abastecimento da Corte e os seus filhos, os novos bacharéis brasileiros, formados na Faculdade de Direito, em São Paulo. A reforma do Código do Processo, votada em 1832, criou de supetão mais de três mil cargos públicos a serem preenchidos nas províncias e na Corte.

O papel dos comerciantes portugueses da Corte ainda não foi bastante estudado. O cuidado com que os liberais moderados defenderam os seus interesses em 1831, quando foram ameaçados de confisco e de expulsão do país pelos elementos mais radicais do Rio de Janeiro, parece demonstrar que esses setores não se opunham à subida ao poder de elementos nativos, talvez porque os ligasse os mesmos interesses de negócio, talvez porque também almejassem acesso ao controle de cargos públicos e uma participação no processo político maior do que lhes proporcionara D. Pedro I no correr do Primeiro Reinado.

Ao aumentar a participação de elementos nativos na política e na administração pública, as reformas liberais criaram o patronato, dando origem ao sistema político de clientela peculiar ao Império. O patronato, ou seja, o funcionário público do Império, forjava um eleitorado artificial, consolidando um arre-

27 Holanda, Sérgio Buarque de. Do Império à República. In: Holanda, Sérgio Buarque de (Org.) *História da civilização brasileira*. São Paulo: Difel, 1972. t.II, v.V, p.86-7.

medo ou uma fachada de regime constitucional, compatível com a segurança das classes dominantes do país.

Reformas que se pretendiam modernizadoras como as que introduziram o júri, o juiz de paz eletivo, a guarda nacional e as assembléias provinciais, inspiradas nas instituições americanas, adquiriam no Brasil um sentido político outro, arcaico e ambíguo.

Octavio Paz, em seu livro *El laberinto de la Soledad*,[28] observa as mesmas contradições no que diz respeito à ideologia democrática americana no México, onde revestiram a mesma tirania das antigas oligarquias feudais de uma falsa aura de liberdade. Sérgio Buarque de Holanda, por sua vez, no ensaio "A herança colonial – sua desagregação", teve um vislumbre arguto das contradições inerentes à transposição para nosso meio de instituições modernizadoras do liberalismo europeu ou norte-americano, quando apontou para a curiosa inversão de valores e de sentido que sofreram entre nós: instituições liberais, descentralizadoras do poder, supostamente modernizadoras como o júri e o juiz de paz eletivo, paradoxalmente reforçaram o próprio núcleo da herança colonial, que era o tradicionalismo localista; ao passo que as reformas de centralização administrativa, levadas a cabo pelos conservadores estimularam, se não os princípios de modernização do país, pelo menos as suas bases, através da consolidação do processo de unidade nacional e de construção do Estado.[29]

De resto, a própria ambigüidade das reformas liberais já preparava o caminho da centralização administrativa. As assem-

28 Paz, Octavio. *El laberinto de la soledad*. México: Fondo de Cultura Económico, 1959. cap.VI.

29 Holanda, Sérgio Buarque de. A herança colonial – sua desagregação. In: Holanda, Sérgio Buarque de (Org.), op. cit., 1962, t.II, v.I, p.19.

bléias provinciais, por exemplo, culminaram o processo de decadência das municipalidades. O juiz de paz eletivo e o júri desencadearam as forças de desagregação do mandonismo local, exacerbando as lutas entre facções locais, fazendo que recorressem como solução de desespero a um compromisso ou entendimento com o poder central. Outros fatores de desagregação, indiretamente agravados pelas reformas liberais, foram, de um lado, o sistema violento das eleições e, de outro, as remoções partidárias de funcionários públicos, os movimentos separatistas (alguns de tendência republicana, como foram o dos Farrapos, no Rio Grande do Sul, e a Sabinada, na Bahia), sem mencionar as revoltas de escravos, em 1835, na Bahia, em Campos, na Província do Rio de Janeiro e em Campinas.

Dentre os líderes liberais, vários, como Feijó, eram conscientes da inversão arcaica das reformas descentralizadoras, com as quais pretendiam modernizar o país. Feijó era contrário ao sistema do júri e do juiz de paz eletivo, pois considerava essas instituições perigosas nas condições de atraso em que se achavam os brasileiros. Em geral, mostrava-se cético quanto à possibilidade de adaptar ao Brasil as instituições democráticas americanas. Ele próprio, como estadista, foi um exemplo curioso das ambigüidades do liberalismo no nosso meio: federalista convicto, conciliou suas opiniões liberais com o mais férreo autoritarismo; como Ministro da Justiça, centralizou de tal modo a hierarquia da Guarda Nacional que frustrou um dos objetivos iniciais da instituição, preparando o seu futuro como arma eleitoral do poder central...[30]

30 Castro, Paulo Pereira de. A experiência republicana (1831-1840). In: Holanda, Sérgio Buarque de. (Org.) *História geral da civilização brasileira.* São Paulo: Difel, 1964. t.II, v.II, p.16.

Evaristo da Veiga e Bernardo de Vasconcelos foram outros exemplos de políticos inicialmente afiliados aos liberais, que se voltaram depois para a obra de fortalecimento do poder do centro.

A partir de 1838, os conservadores organizaram a reação contra a introdução de instituições democráticas, copiadas dos Estados Unidos: as reformas de 1841 visavam, primordialmente, corrigir os excessos da descentralização liberal e concentrar na Corte o controle político e administrativo do país, aumentando o poder dos presidentes de província, nomeados pelo poder central, e dos juízes de direito, que representariam a Corte nas diferentes localidades.

Com os conservadores, os princípios corporativistas do Estado-nação predominaram claramente sobre os princípios do individualismo jusnaturalista. Preocupados em garantir a harmonia social do país, cuidavam antes de construir um sistema elaborado de administração centralizada, do que em aperfeiçoar a divisão e o equilíbrio dos diferentes poderes institucionais ou em salvaguardar direitos individuais.

O novo partido conservador representava uma polarização das forças de integração do centro-sul do país, que há muito vinham amadurecendo em torno da Corte, como se culminassem todo o processo político desencadeado pela Independência: nele se reuniam os interesses dos comerciantes do Rio de Janeiro e do centro-sul do país e os da nascente lavoura cafeeira do Vale do Paraíba, onde investiam seus capitais.

Herdeiros do despotismo ilustrado do século XVIII, acreditavam que uma população bárbara e dispersa, como a brasileira, dependia primordialmente de uma tutela paternalista e ilustrada, de um governo central fortemente estruturado. A ideologia conservadora européia e o exemplo da centralização administrativa da França pareciam-lhes então mais próximos da realidade brasileira, do que a experiência democrática dos americanos: "Não tínhamos, como a formaram os ingleses por séculos, uma educação que nos habilitasse praticamente para nos governarmos nós mesmos; não podíamos ter adquirido os hábitos e o senso prático para isso necessários...". Os brasileiros tinham herdado da colônia a tradição portuguesa de centralização administrativa, e cabia aos estadistas do Império incorporá-la à obra de construção do Estado nacional, mediante as necessárias reformas.

Pretendiam modernizar tradições longamente arraigadas no solo da pátria. Não acreditavam muito no poder de leis baseadas em princípios abstratos e estranhos ao meio brasileiro. Norteava-os o princípio organicista de formação das sociedades e de evolução das comunidades nacionais, que os homens da geração da Independência tinham colhido da leitura de Burke, repetidas vezes citados na Constituinte de 1823, e que os conservadores cultivavam amadurecidos pela leitura dos textos de Guizot e Royer Collard sobre as "forças de conservação" das sociedades.

O próprio ideólogo da centralização administrativa do Império tinha, entretanto, uma admiração aberta pelos Estados Unidos. Em seu *Ensaio sobre o Direito Administrativo* (Rio de Janeiro, 1865), dedicou o Visconde do Uruguai longas páginas ao estudo das instituições políticas americanas. Com base em Tocqueville, analisava o que lhe parecia o fenômeno inédito de um país com uma administração totalmente descentralizada e, no entanto, com uma organização política altamente centralizada. Tinha uma admiração quase nostálgica pelos pioneiros *quackers*, a quem os americanos deviam a sua formação democrática: "Havia, proporcionalmente, uma massa maior de luzes derramadas entre esses homens, do que no seio de qualquer nação européia...".[31]

Para os americanos, escrevia ele,

> *self government* é o hábito, a educação, o costume. Está na tradição, na raça e quando faltam estas condições, não pode ser estabelecido por leis, porque, como há três séculos dizia Sá de Miranda: "Não valem leis sem costumes, vale o costume sem leis".[32]

Suas palavras evocavam a ambigüidade da missão reformista dos conservadores, irremediavelmente tolhidos pelo tradicionalismo arcaico dos costumes sem leis, que acabavam sempre preponderando sobre os seus ideais de reformadores ilustrados. "Educar o povo" e incutir gradualmente as noções de trato político, pela revivência das antigas formas de autonomia municipal, era o programa de Paulino José Soares de Souza, desde que vigiadas pelo poder central:[33] "Sem instituições municipais, pode uma nação dar-se um governo livre, mas não tem o espírito da liberdade...".[34] Reconstituir as antigas instituições locais, que os próprios liberais tinham acabado de destruir, seria o modo tradicionalista e nostálgico de os conservadores prepararem os brasileiros para o *self government*, sob a rígida tutela do despotismo esclarecido do governo central.

As palavras do Visconde do Uruguai sobre os costumes sem leis soam assustadoras, apesar do tom composto e grave, pois

31 Visconde do Uruguai, op. cit., 1960, p.395.

32 Ibidem, p.394-5.

33 Ibidem, p.133.

34 Ibidem, p.405.

espelham a própria consolidação do sistema político do Império, sob os conservadores: um eleitorado artificial de funcionários públicos, rigidamente controlados, eleições violentas, câmaras unânimes; o pacto do mandonismo local com o governo central, que emprestava o apoio das forças oficiais às formas costumeiras de banditismo, que caracterizava a violência pré-política do Brasil, em meados do século XIX.

Sucessivas reformas inspiradas nos ideais da Revolução americana e levadas a efeito por conservadores ou liberais jamais romperam o círculo vicioso de nossa organização política, baseada na cooptação e no patronato. Em 1881, quando a Lei Saraiva estabeleceu o voto direto, o eleitorado brasileiro se limitava a 1,5% da população do país, e nem mesmo a mudança de regime político e a instituição da República, nos moldes federalistas dos Estados Unidos, trouxeram um autêntico e significativo aumento da participação política da sociedade brasileira.

Bibliografia

Fontes impressas

AMARAL, Prudêncio do; MELO, José Rodrigues. *Geórgicas brasileiras (Cantos sobre as Coisas Rústicas do Brasil)* (1781). Versão em linguagem de João Gualberto Ferreira dos Santos Reis, biografias e notas de Regina Pirajá da Silva. Rio de Janeiro: Publicação da Academia Brasileira, 1941.

ANDRADA E SILVA, José Bonifácio. Memória sobre a pesca da baleia e extratos de seu azeite; com algumas reflexões a respeito das nossas pescarias. In: *Memórias econômicas da Academia Real das Ciências de Lisboa*, 1790. v.2, p.388.

______. *Obras científicas, políticas e sociais de José Bonifácio de Andrada e Silva* (coligidas e reproduzidas por Edgard de Cerqueira Falcão). Edição comemorativa do bicentenário de seu nascimento. Santos, 1964. v.I, p.24.

ARRUDA CÂMARA, Manuel de. *Aviso aos lavradores, sobre a inutilidade da suposta fermentação de qualquer qualidade de grão ou pevides, para o aumento da colheita, segundo um anúncio, que se fez ao público*. Of. de Antônio Rodrigues Galhardo, impressor da Sereníssima Casa do Infantado, 1797.

AZEREDO, Fernando de. *A cultura brasileira*. 4.ed. Brasília: Editora da UnB, 1963. p.557-9.

AZEREDO, José Pinto de. *Ensaio sobre algumas enfermidades d'Angola*, dedicado ao Sereníssimo Senhor D. João, Príncipe do Brasil. Lisboa: Régia Of. Typ., 1799.

BASTOS, Aureliano Cândido Tavares. *A Província*. Rio de Janeiro: Cia. Editora Nacional, 1937. p.345.

BECKER, Carl. *La ciudad de Dios del siglo XVIII*. México: Fondo de Cultura Económico, 1943.

BERNARDINO, Antônio. *Memória sobre a canela do Rio de Janeiro*. Rio de Janeiro: Impressão Régia, 1809.

______. *Modo de cultivar a caneleira, extrair e preparar a sua casca, óleos, cânfora... resumido da memória que se conserva no arquivo do Senado da Câmara do Rio em 1798*. Rio de Janeiro: Impressão Régia, 1809.

BICHAT, Francisco Maria Xavier. *Indagações sobre a vida e a morte*. Rio de Janeiro: Impressão Régia, 1812.

______. *Plano de estudo da medicina apresentado por Manuel Luís Álvares de Carvalho*, distinto médico da Bahia. Rio de Janeiro: Impressão Régia, 1813.

BITTENCOURT, José de Sá. *Memória sobra a plantação dos algodões e sua exportação; sobre a decadência da lavoura de mandioca no Termo da Vila de Camamu, Comarca dos Ilhéus, governo da Bahia*, apresentada e oferecida a S. A. R. o Príncipe do Brasil, Nosso Senhor. Lisboa, na Off. de Simão Tadeu Ferreira, 1798.

BLAKE, Augusto Vitorino Alves Sacramento. *Dicionário bio-bibliográfico brasileiro*. Rio de Janeiro: Tip. Nacional, 1833. v.I, p.377.

BOMTEMPO, José Maria. *Compêndio de matéria médica* por ordem do Príncipe Real. Rio de Janeiro: Impressão Régia, 1814-1815.

BRACKENRIDGE, Henry Marie. *Voyage to South America*. Baltimore: Edição do Autor, 1819. v.1.

BRITO, João Rodrigues de. *Cartas econômico-políticas sobre a agricultura e comércio da Bahia*. Lisboa: Imprensa Nacional, 1821.

CABANIS, Pedro João Jorge. *Do grau de certeza da medicina*. Trad. de Francisco Júlio Xavier. Rio de Janeiro: Impressão Régia, 1812.

CALMON, Pedro. (Ed.) *Diário da Assembléia Geral Constituinte e Legislativa do Império do Brasil*. Brasília: Senado Federal, 1973. v.1, p.136.

CASAL, Manuel Ayres de. *Corographia brasílica ou relação histórico-geográphica do Reino do Brasil, composta por um presbytero secular do Grão Priorado do Crato e dedicado a S. M. Fidelíssima, etc.* Rio de Janeiro: Impressão Régia, 1817.

CASTRO, José de Amorim. Memórias sobre a cochonilha do Brasil. *Memórias Econômicas da Academia Real de Ciências de Lisboa*, v.2, 1790.

CHERMONT, Teodósio Constantino de. Memória sobre a introdução do arroz branco no Estado do Grão-Pará (1785). *RIHGB*, v.48, 1874, p.79.

CÓPIA DE UMA CARTA *sobre a Nitreira Artificial estabelecida na Vila de Santos da Capitania de São Paulo, dirigida a esta Corte...* Lisboa, Oficina da Casa Literária do Arco do Cego, MDCCC.

COUTINHO, José Joaquim de Azeredo. *Discurso sobre o Estado atual das Minas do Brasil, dividido em quatro capítulos. No primeiro mostra-se que as Minas de ouro são prejudiciais a Portugal. No segundo mostra-se a necessidade que há de se estabelecerem Escolas de Mineralogia nas praças principais das Capitanias do Brasil, especialmente nas de São Paulo, Minas Gerais, Goiás, Mato Grosso. No terceiro apontam-se os meios para se facilitarem as descobertas da História Natural e dos ricos tesouros das Colônias de Portugal. No quarto apontam-se os meios de se aproveitarem as produções e a agricultura do continente das minas que, aliás, é já perdido para o ouro.* Lisboa: Impressão Régia, 1804.

D'OLIVEIRA BASTOS, Manuel José. *Roteiro da cidade de Santa Maria de Belém do Grão Pará pelo Rio Tocantins acima até o Porto Real do Pontal da Capitania de Goiás.* Rio de Janeiro: Impressão Régia, 1811.

DESCRIÇÃO DE UMA MÁQUINA *para tocar a bomba a bordo dos navios sem o trabalho do homem*, oferecida à Real Marinha Portuguesa e impressa por ordem superior. Lisboa: Typ. Chalcográphica e Literária do Arco do Cego, 1800.

DISCURSO APRESENTADO À MESA *da Agricultura sobre vários objectos relativos à cultura, e melhoramento interno do Reino: traduzidos da língua inglesa debaixo dos auspícios e ordem de Sua Alteza Real O Prínci-*

pe Regente Nosso Senhor. Lisboa: Typ. Chalcográphica e Literária do Arco do Cego, 1807.

DISQUISITONES QUAEDAM *physiologico-chemicae, de influentia oxigenii in oeconomia animali, precipue in calore, et colore hominum. Quas in Augustissimo Ludo Viceio Medico Monsoessula no propenebat Autor... Pro Baccalaureatus gradu consequendo ... Monspelii,* Apud Joannem Martel natu majore, Regis Universitatisque Typographum Consuetum, MDCCXCI.

FOURCROY, Antônio Francisco. *Phylosophia chymica ou verdades fundamentaes da chymica moderna*. Trad. Manuel Joaquim Henriques de Paiva. Rio de Janeiro: Impressão Régia, 1816.

FRANCO, Francisco de Melo. *Tratado da educação physica dos meninos, para uso da nação portuguesa,* publicado por ordem da Academia Real de Ciências de Lisboa. Lisboa: Of. da Academia Real de Ciências, 1790.

GOMES, José Caetano. *Memória sobre a cultura e produtos da cana de assucar,* oferecida a S.A.R. o Príncipe Regente Nosso Senhor, pela Mesa da Inspeção do Rio de Janeiro. Lisboa, Of. da Casa Literária do Arco do Cego, 1800 etc.

KOSTER, Henry. *Viagens ao Nordeste do Brasil*. Tradução e notas de Câmara Cascudo. São Paulo: Companhia Editora Nacional, 1942. p.92.

LISBOA, Baltazar da Silva. Physica dos Bosques de Ilhéus. Manuscrito do Instituto Histórico e Geográfico Brasileiro.

LISBOA, Bento da Silva. Biografia de Baltazar da Silva Lisboa. *RIHGB*, v.2, 1840, p.384.

MAIA, Emílio José da Silva. Biographia do Dr. José Pinto de Azeredo. *RIHGB*, v.2, 1840, p.620.

MARROCOS, Luiz Joaquim dos Santos. Cartas de Luiz Joaquim dos Santos Marrocos, escritas à sua família em Lisboa, de 1811 a 1821. In: *Anais Biblioteca Nacional*, v.56, p.188-9.

MEMÓRIA HISTÓRICA *sobre a fundação da fábrica de ferro de São João de Ipanema na Província de São Paulo*. Lisboa: Tip. Rollandiana, 1822;

MEMÓRIA SOBRE A NECESSIDADE *de abolir a introdução dos escravos africanos no Brasil, sobre o modo e condições com que esta abolição se deve fazer; sobre os meios de remediar a falta de braços que ela pode ocasionar.* Coimbra: Imprensa da Universidade, 1821.

NOTÍCIA HISTÓRICA *e Abreviada para servir à cultura de uma remessa de árvores especiarias e frutíferas da Colônia de Caienna,* traduzida do francês. Rio de Janeiro: Impressão Régia, 1810.

OBSERVAÇÕES SOBRE *a caneleira.* Rio de Janeiro: Impressão Régia, 1812.

OBSERVAÇÕES SOBRE *o capim de Angola ultimamente trazido e cultivado no Rio.* Rio de Janeiro: Impressão Régia, 1812.

OBSERVAÇÕES SOBRE *o cravo da Índia.* Rio de Janeiro: Impressão Régia, 1812.

OTÔNI, José Elói. Memória sobre o atual estado da capitania de Minas Gerais. In: *Anais da Biblioteca Nacional,* v.30.

PATY DO ALFERES. (Barão) Memória sobre o malvaisco do distrito da vila da Cachoeira. *Memórias Econômicas da Academia de Ciências de Lisboa,* v.3, 1791, p.391.

______. História natural do Brasil segundo o sistema de Lineu. *Memórias Econômicas da Academia de Ciências de Lisboa,* v.1, 1798.

______. *Memória sobre a fundação e custeio de uma fazenda na Província do Rio de Janeiro* pelo Barão do Paty do Alferes. 2.ed. Rio de Janeiro, 1863.

PEREIRA, Hipólito José da Costa. *Descrição da árvore assucareira e da sua utilidade e cultura,* impressa de ordem superior, Lisboa, Typ. Chalcográphica, Typoplástica e Literária do Arco do Cego 1800.

PEREIRA, Hipólito José da Costa. Memórias sobre a viagem aos Estados Unidos. *RIHGB,* v.21, 1858, p.351. (Manuscrito oferecido ao Instituto Histórico por Manuel Ferreira Lagos)

______. *Diário de minha viagem à Filadélfia.* Rio de Janeiro: Academia Brasileira de Letras, 1955.

PEREIRA, João Manso. *Memória sobre uma nova construção do alambique para se fazer toda a sorte de destilações com maior economia e maior proveito no resíduo. Sobre a distilação das águas ardentes* (traduzida do francês por P. J. P. de A., acrescentada e ilustrada com as notas de João Pereira Manso). Lisboa: Impressão Régia, 1805.

PEREIRA, João Manso. *Memória sobre a reforma dos Alambiques ou de um próprio para a distilação das águas ardentes oferecida a Sua Alteza Real o Príncipe do Brasil, Nosso Senhor*. Lisboa, Oficina Patr. de João Procópio Correa da Silva, Ano de MDCCXCVII. Com licença de Sua Majestade.

______. *Memória sobre o método econômico de transportar para Portugal a água-ardente do Brasil, com grande proveito dos fabricantes e comerciantes, apresentada e oferecida a Sua Alteza o Príncipe do Brasil, Nosso Senhor*. Lisboa, Oficina de Simão Tadeu Ferreira, 1798.

PINHEIRO, José Feliciano Fernandes. *Cultura Americana que contem uma Relação do Terreno, Clima, Produção e Agricultura das Colônias Britânicas no Norte da América e nas Índias Ocidentais, com observações sobre a vantagem, e desvantagens de se estabelecer nelas, em comparação com a Grã-Bretanha e Irlanda*. Por um americano. Traduzida da língua inglesa, debaixo dos auspícios, e da ordem de S. A. R. o Príncipe Regente Nosso Senhor... publicado por Frei Veloso do Rio de Janeiro e pensionado por S. M. Lisboa, Of. de Antônio Rodrigues Galhardo, 1794.

RATTON, Jacome. *Recordações*. Londres: H. Bryer, 1813.

RIBEIRO SANCHES, Antônio Nunes. Introdução ao método de estudar e aprender a medicina. In: *Obras*. Coimbra: Universidade de Coimbra, 1959. v.I, p.96.

ROTEIRO E MAPA DA VIAGEM *da cidade de São Luís do Maranhão até a corte do Rio, feita por ordem do Governador e Capitam General daquela Capitania, pelo Coronel Sebastião Gomes da Silva Berford*, Rio de Janeiro: Impressão Régia, 1810.

SIERRA Y MARISCAl, Francisco de. Idéias sobre a Revolução do Brasil e suas conseqüências. In: *Anais da Biblioteca Nacional*, v.43-4, p.65.

SILVA, António Carlos Ribeiro de Andrada Machado e. *Considerações cândidas e imparciais sobre a natureza do Comercio do Assucar; e importân-*

cia comparativa das Ilhas Britânicas, e francesas das Índias Ocidentais, nas quais estabelece o valor e conseqüências das ilhas de Santa Luzia e Granada. Transladada do inglês debaixo dos auspícios e ordem de S.A.R., O Príncipe Regente Nosso Senhor ... Lisboa, Of. da Casa Literária do Arco do Cego, 1800.

SOARES, Sebastião Ferreira. *Elementos de estatística compreendendo a teoria da ciência e a sua aplicação à estatística comercial do Brasil.* Rio de Janeiro: Tip. Nacional, 1865.

TELLES, Vicente Coelho de Seabra e Silva. *Dissertação sobre o calor,* oferecida ao Sr. José Bonifácio de Andrada. Na Imprensa Real da Universidade, 1788.

TRATADO DA CULTURA *dos pessegueiro.* Traduzido da língua francesa por Manuel Rodrigues da Costa (presbítero do hábito de São Pedro e natural de Minas Gerais). Lisboa: Typ. do Arco do Cego, 1801.

VALE CABRAL, Alfredo do. *Anais da Impressão Régia do Rio de Janeiro.* Rio de Janeiro: Typ. Nacional, 1881.

VASCONCELOS, Antonio Luiz de Brito Aragão. Memória sobre o estabelecimento do Império do Brasil. In: *Anais Biblioteca Nacional,* v.43-4, p.43.

VELOSO, José Mariano da Conceição. (Frei) *Extrato do modo de se fazer o salitre nas fábricas de tabaco da Virgínia.* Lisboa: Oficina de João Antônio da Silva, 1797.

______. *Quinigraphia portuguesa; ou Coleção de várias memórias sobre vinte e duas espécies de quina, tendentes ao seu descobrimento nos vastos domínios do Brasil, copiada de vários autores modernos.* Lisboa: Of. de João Procópio Corrêa da Silva, 1799.

______. *Aviário brasílico ou galeria ornithológica, das aves indígenas do Brasil, disposto e discripto segundo o sistema de Carlos Lineu.* Copiado do natural e dos melhores autores. Lisboa: Of. da Casa Literária do Arco do Cego, 1800.

______. *Coleção de memórias sobre a quassia amarga e a simaruba (com estampas).* Traduzida por ordem de S. A. R.. Lisboa: Typ. Chalcographica e Literária do Arco do Cego, 1801.

VELOSO, José Mariano da Conceição. (Frei) *Compêndio sobre a cana e sobre os meios de lhe extrair o sal, ao qual se ajuntam muitas memórias ao mesmo respeito, dedicado à colônia de São Domingo,* por J. F. Dutrone, Lisboa, Typ. Chalcográphica, Typoplástica e Litterária do Arco do Cego, 1801.

VILHENA, Luís dos Santos. *Notícias Soteropolitanas da Bahia.* Bahia: Imprensa Oficial, 1921, carta I, p.43-5.

VISCONDE DO URUGUAI. *Ensaio sobre o Direito Administrativo.* Rio de Janeiro, 1960. p.43.

Bibliografia secundária

ALDEN, Dauril. Manuel Luiz Vieira: an entrepreneur in Rio de Janeiro during Brazil's Eighteenth Century Agricultural Renaissance. *Hispanic American Historical Review*, v.39, nov. 1959.

AMARAL, Luís. *História geral da agricultura no Brasil.* São Paulo: Cia. Editora Nacional, 1958. v.1.

BOXER, Charles R. *The Golden Age of Brazil.* Berkeley: University of California Press, 1962.

______. *The Portuguese Seaborne Empire.* London: Hutchinson, 1970.

CANABRAVA, Alice Piffer. A grande propriedade rural. In: Holanda, Sérgio Buarque de (Org.), op. cit., 1960. t.I, v. 2, p. 216-7.

CARVALHO, Maria Amália Vaz. *Vida do Duque de Palmela D. Pedro de Sousa e Holstein.* Lisboa: Imprensa Nacional, 1898-1903. v.1.

CASTRO, Paulo Pereira de. A experiência republicana (1831-1840). In: Holanda, Sérgio Buarque de. (Org.). *História geral da civilização brasileira.* São Paulo: Difel, 1964. t.II, v.II, p.31.

CAVALCANTI, Paulo. *Eça de Queiroz, agitador no Brasil.* São Paulo: Cia. Editora Nacional, 1966. p.63.

CHAGAS, Paulo Pinheiro. *Teófilo Ottoni, ministro do povo.* Rio de Janeiro: Zélio Valverde, 1943.

CIDADE, Hernani. *Lições de cultura e literatura portuguesa*. Coimbra: Coimbra Editora, 1958.

CORRÊA FILHO, Virgílio. *Alexandre Rodrigues Ferreira, vida e obra do grande naturalista brasileiro*. São Paulo: Cia. Editora Nacional, 1939. p.22.

CORTESÃO, Jaime. *Alexandre de Gusmão e o Tratado de Madrid*. Rio de Janeiro: Instituto Rio Branco - Ministério das Relações Exteriores, 1959.

COSTA, Emília Viotti da. Introdução ao estudo da emancipação política. In: MOTA, Carlos Guilherme. (Org.) *O Brasil em perspectiva*. São Paulo: Difel, 1968. p.73ss.

DIAS, José Sebastião da Silva. Portugal e a cultura européia. *Biblos (Coimbra)*, v.28, 1952, p.456.

FAORO, Raymundo. (Ed.) O *debate político no processo da Independência*. Rio de Janeiro: Conselho Federal de Cultura,1973. p.21.

FERREIRA REIS, Arthur Cézar. O Comércio colonial e as companhias privilegiadas. In: Holanda, Sérgio Buarque de. (Org.) *História geral da civilização brasileira*. São Paulo: Difel, 1960. t.I, v.2, p.336-7.

FEUER, Lewis S. *The Scientific Intellectual (The Psychological and Sociological Origins of Modern Science)*. New York: Basic Books Inc. Publishers, 1963. p.281.

FORJAZ, Djalma. *O Senador Vergueiro, sua vida e sua época* (1788-1859). São Paulo: Diário Oficial, 1924. p.146-7.

FRIEIRO, Eduardo. O *diabo na livraria do Cônego*. Belo Horizonte: Itatiaia, 1957.

HENRETTA, James A. Economic Development and Social Structure in Colonial Boston. *William and Mary Quartely*, v.XXII, 1965, p.75.

HOLANDA, Sérgio Buarque de. *Raízes do Brasil*. 2.ed. Rio de Janeiro: José Olympio, 1948.

HOLANDA, Sérgio Buarque de. *Caminhos e fronteiras*. Rio de Janeiro: José Olympio, 1957.

______. A herança colonial – sua desagregação. In: ____. (Org.) *História da civilização brasileira*. São Paulo: Difel, 1962. t.II, v.I, p.9.

HOLANDA, Sérgio Buarque de. Introdução às *Obras econômicas de Joaquim José de Azeredo Coutinho (1794 - 1804)*. São Paulo: Companhia Editora Nacional, 1966. (Coleção Roteiro do Brasil, sob a orientação de Rubens Borba de Moraes).

HOMEM DE MELO, Francisco Ignácio. *Escritos históricos e literários*. Rio de Janeiro: Laemmert, 1868. p.1.

______. O Brasil intelectual em 1801. *RIHGB*, v.103, 1901, p.13.

LAGOS, Manuel Ferreira. Biografia de frei José Mariano da Conceição Veloso. *RIHGB*, v.2, 1840, p.603.

LEMOS BRITO, José Gabriel de. A *gloriosa Sotaina do Primeiro Império*. São Paulo: Companhia Editora Nacional, 1937. p.175.

LYND, S. We should rule at Home (Dutchess County, New York in the American Revolution). *William and Mary Quartely*, v.XVII, 1961, p.330.

MACEDO, Jorge Borges de. *Problemas de história da indústria portuguesa no século XVIII*. Lisboa: Querco, 1963.

MACHADO, Maximiano Lopes. Introdução. In: TAVARES, Moniz. *História da Revolução de Pernambuco de 1817*. Recife: Instituto Arqueológico e Geográfico Pernambucano, 1917. p.24.

MANCHESTER, Alan K. *British Preeminence in Brazil*. Illinois: University of North Carolina Press, 1933.

MARQUES, Maria Adelaide Salvador. *A Real Mesa Censória e a cultura nacional. Aspectos da geografia cultural portuguesa no século XVIII*. Coimbra, 1963.

MARTINS, Francisco de Rocha. *O último vice-rei do Brasil*. Lisboa: Oficinas Gráficas do "A.B.C.", 1932. p.35-6.

MAXWELL, Kenneth. Pombal and the nationalization of luso-brazilian commerce. *Hispanic American Historical Review*, Nov. 1968.

______. *Conflicts and Conspiracies: Brazil and Portugal (1750-1808)*. Cambridge: Cambridge University Press, 1973. p.80-3.

MENDONÇA, Marcos Carneiro de. *O intendente Câmara*. São Paulo: Cia. Editora Nacional, 1958. p.193.

MONCADA, Luís Cabral de. *Um iluminista português do século XVIII: Luís Antônio Verney*. Coimbra: Arménio Amado, 1941.

MONTEIRO, Tobias. *História do Império (A elaboração da Independência)*. Rio de Janeiro: F. Briguiet & Cia., 1927. p.403-5 e 846-7.

MORAIS, Francisco de. Lista dos estudantes brasileiros na Universidade de Coimbra. In: *Anais da Biblioteca Nacional*, v.62, p.141.

______. Estudantes da Universidade de Coimbra nascidos no Brasil. In: *Brasília*, Suplemento ao volume 4. Publicação Comemorativa do 4º Centenário da Cidade de Salvador, 1949. p.260ss.

MOTA, Carlos Guilherme. *Nordeste, 1817 - Estruturas e argumentos*. São Paulo: Perspectiva, 1972.

NETTELS, Curtis Putnam. *The Emergence of a National Economy* (1775-1815). New York: Harper & Row, 1962.

OLIVEIRA LIMA, Manuel de. *D. João VI no Brasil*. Rio de Janeiro: José Olympio, 1945.

______. *Pernambuco e seu desenvolvimento histórico*. Leipzig: Brockhaus, 1894.

PAZ, Octavio. *El laberinto de la soledad*. México: Fondo de Cultura Económico, 1959.

PEREIRA DA SILVA, João Manuel. *História da fundação do Império brasileiro*. Paris: Garnier, 1864-1868. v.III, p.274.

PEREZ, Damião. *História de Portugal*, Barcelos: Portucalense, 1928; Almeida, Fortunato de. *História de Portugal*. Coimbra: Edição do Autor, 1922-1929. v.V e VI.

PETRONE, Maria Thereza. Schorer. Um comerciante do ciclo do açúcar paulista: Antônio da S. Prado (1817-1829). *Revista de História*, v.XXXVI, n.73, 1968, p.161; v.XXXVII, n.76, 1968, p.315; e v. XXXIX, n.79, 1969, p.121.

PITEIRA SANTOS, Fernando. *Geografia e economia da Revolução de 1820*. Lisboa: Europa-América, 1962.

PRADO JÚNIOR, Caio. *Formação do Brasil contemporâneo.* São Paulo: Brasiliense, 1957. p.156.

______. *Evolução política do Brasil e outros estudos.* São Paulo: Brasiliense, 1963. p.187ss.

QUEIROZ, Suely Robles Reis de. *Algumas notas sobre a lavoura do açúcar em São Paulo no período colonial.* São Paulo, 1966. Dissertação (Mestrado) – Faculdade de Filosofia, Letras e Ciências Humanas, Universidade de São Paulo.

RIZZINI, Carlos, *Hipólito da Costa e o Correio Braziliense.* São Paulo: Cia. Editora Nacional, 1957. p.57.

______. *O livro, o jornal e a tipografia no Brasil (1500-1822).* Rio de Janeiro: Livraria Kosmos, s. d., p.280.

RUSSEL-WOOD, A. J. R. *Fidalgos and Philanthropists*: Santa Casa de Misericórdia of Bahia. Berkeley: University of California Press, 1968.

SANTOS, Joaquim Felício dos. *Memórias do distrito diamantino.* Rio de Janeiro: s. n., 1868. p.144-5.

SCHWARTZ, Stuart B. The Desembargo do Paço. *Hispanic American Hisorical Review*, 1971.

SERRÃO, Joel. A indústria portuense em 1830. *Bulletin d'Etudes historiques*, Lisboa, 1953.

SIDERI, Sandro. *Trade and Power (Informal Colonialism in Anglo Portuguese Relations).* Roterdam: Rotterdam University Press, 1970.

SILBERT, Albert. *Le Portugal mediterranéen à la fin de l'ancien regime – XVIIIe – debut du XIXe siècle.* Paris: Sevpen, 1966.

SILVA, Ignácio Accioli de Cerqueira e. *Memórias históricas e políticas da Bahia* anotadas por Brás do Amaral. Bahia: Imprensa Oficial, 1921-1940. 6v. v.III, p.208.

SOUSA, Otávio Tarquínio de. *José Bonifácio (1763-1838).* Rio de Janeiro: José Olympio, 1945. p.46.

SOUZA, Antonio Candido de Mello e. *Formação da literatura brasileira.* São Paulo: Livraria Martins, 1959. v.I, p.245.

SOUZA, Antonio Candido de Mello e. *Literatura e sociedade.* São Paulo: Nacional, 1965.

STEIN, Stanley J.; STEIN, Barbara H. *The Colonial Heritage of Latin America (Essays on Economic Dependence in Perspective).* New York: Oxford University Press, 1970.

VARNHAGEN, Francisco Adolfo de. *História geral do Brasil.* 5.ed. São Paulo: Melhoramentos, 1965. v.4, p.259.

WEBSTER, Charles K. *Great Britain and the independence of Latin America.* Oxford: Oxford University Press, 1838. p.308.

WHITACKER, Arthur P. José Silvestre Rebello, the first diplomatic, representative of Brazil in the United States. *Hispanic American Historical Review,* v.20, Aug. 1940, p.38.

ESTE LIVRO FOI IMPRESSO EM SÃO PAULO PELA GRÁFICA VIDA & CONSCIÊNCIA NO VERÃO DE 2005. NO TEXTO DA OBRA, FOI UTILIZADA A FONTE MINION, EM CORPO 11, COM ENTRELINHA DE 16 PONTOS.